Registro de imóveis

O selo DIALÓGICA da Editora InterSaberes faz referência às publicações que privilegiam uma linguagem na qual o autor dialoga com o leitor por meio de recursos textuais e visuais, o que torna o conteúdo muito mais dinâmico. São livros que criam um ambiente de interação com o leitor – seu universo cultural, social e de elaboração de conhecimentos –, possibilitando um real processo de interlocução para que a comunicação se efetive.

Registro de imóveis

Lucas Fernando de Castro

2ª edição
revista e atualizada

Rua Clara Vendramin, 58
Mossunguê . CEP 81200-170
Curitiba . PR . Brasil
Fone: (41) 2106-4170
www.intersaberes.com
editora@editoraintersaberes.com.br

▇ Conselho editorial
Dr. Ivo José Both (presidente)
Dr.ª Elena Godoy
Dr. Neri dos Santos
Dr. Ulf Gregor Baranow

▇ Editora-chefe
Lindsay Azambuja

▇ Gerente editorial
Ariadne Nunes Wenger

▇ Preparação de originais
Gustavo Ayres Scheffer

▇ Projeto gráfico
Raphael Bernadelli

▇ Capa
Charles L. da Silva (*design*)
Brian A Jackson/Shutterstock (imagem)

▇ Diagramação
LAB Prodigital

▇ Iconografia
Regina Cláudia Cruz Prestes

Dados Internacionais de Catalogação na Publicação (CIP)
(Câmara Brasileira do Livro, SP, Brasil)

Castro, Lucas Fernando de
  Registro de imóveis/Lucas Fernando de Castro. 2. ed. revista e atualizada. Curitiba: InterSaberes, 2020.

  Bibliografia.
  ISBN 978-65-5517-747-3

  1. Registro de imóveis 2. Registro de imóveis – Brasil 3. Registro de propriedade – Leis e legislação – Brasil I. Título.

20-40789   CDU-347.235(81)

Índices para catálogo sistemático:
1. Brasil: Registro de imóveis: Direito civil 347.235 (81)

Cibele Maria Dias – Bibliotecária – CRB-8/9427

1ª edição, 2017.
2ª edição – revista e atualizada, 2020.

Foi feito o depósito legal.
Informamos que é de inteira responsabilidade do autor a emissão de conceitos.

Nenhuma parte desta publicação poderá ser reproduzida por qualquer meio ou forma sem a prévia autorização da Editora InterSaberes.

A violação dos direitos autorais é crime estabelecido na Lei n. 9.610/1998 e punido pelo art. 184 do Código Penal.

apresentação 11

como aproveitar ao máximo este livro 15

Capítulo 1 **Histórico do registro de imóveis no Brasil - 19**

Capítulo 2 **Sistemas de registro - 31**
2.1 Sistema alemão - 33
2.2 Sistema francês - 40
2.3 Sistema brasileiro - 44

Capítulo 3 **Princípios do direito registral imobiliário - 51**
3.1 Princípio da inscrição - 52
3.2 Princípios da presunção e da fé pública - 59
3.3 Princípio da prioridade - 66
3.4 Princípio da especialidade - 70
3.5 Princípio da continuidade - 75
3.6 Demais princípios - 83

Capítulo 4 **Atribuições do registrador imobiliário - 89**

4.1 Lei de Registros Públicos – Lei n. 6.015/1973 - 91
4.2 A Constituição Federal de 1988 - 101
4.3 Lei dos Notários e Registradores – Lei n. 8.935/1994 - 104
4.4 Códigos de Normas - 111

Capítulo 5 **Breve análise da escrituração em livros - 119**

5.1 Livro n. 1 – Protocolo - 124
5.2 Livro n. 2 – Registro Geral - 127
5.3 Livro n. 3 – Registro Auxiliar - 135
5.4 Livro n. 4 – Indicador Real - 137
5.5 Livro n. 5 – Indicador Pessoal - 138

Capítulo 6 **A qualificação registral - 143**

Capítulo 7 **Procedimentos do registro de imóvel - 157**

7.1 Procedimento de dúvida - 158
7.2 Procedimento de retificação - 172
7.3 Procedimento de usucapião extrajudicial - 186

para concluir... 197
estudo de caso 201
referências 205
respostas 229
sobre o autor 235

Dedico esta obra à minha família, especialmente à minha esposa, Ana Paula Bukowski, que sempre acreditou e nunca me deixou desistir.

Pretendemos com esta obra apresentar uma breve noção do sistema registral imobiliário brasileiro. O **registro de imóveis** frequentemente é visto como uma atividade secundária ou meramente burocrática, da mesma forma que os serviços notariais, de registro civil, de títulos e documentos e de cartório de protestos. Por muito tempo, aliás, os serviços de registros públicos foram considerados, até mesmo por advogados e membros do Ministério Público e do Poder Judiciário, como acessórios.

No Brasil, nos anos 1980, com o processo de transição política da ditadura para a democracia, foram assegurados os direitos e as garantias de todos nós, cidadãos. Na mesma linha, houve uma modificação radical de paradigma no direito civil. Diferentemente do Código Civil de 1916 (Lei n. 3.071, de 1º de janeiro de 1916), que beneficiava e até mesmo incentivava o individualismo do proprietário, temos hoje uma Carta Constitucional que privilegia a **função social imobiliária** e um Código Civil que suaviza e contrabalança os deveres sociais, a liberdade individual e a boa-fé nas relações privadas.

Com razão, o registrador Eduardo Agostinho Arruda Augusto (2013b, p. 27) aponta que *registro de imóveis não é burocracia da máquina administrativa, pois o registro não é do governo; o registro é controle do povo em favor do povo [...]. Registro de imóveis, enfim, é o garante da liberdade, do estado democrático de direito e da dignidade da pessoa humana, dotado de indiscutível função social.*

Nessa linha, o lugar-comum deve necessariamente dar espaço à importância que a própria legislação vigente atribui ao registro predial: conferir segurança, autenticidade, publicidade e eficácia aos negócios jurídicos.

As aquisições imobiliárias no Brasil têm uma tradição de informalidade: compromissos de compra e venda, contratos de gaveta, cessões de direitos, mero exercício de posse sem título, entre outros aspectos. Contudo, nos últimos anos, pelo risco de investir em um imóvel sem que se tenha, de fato, direito sobre ele, aquisições *a non domino* ou, ainda, aquisições maculadas por fraude a credores levaram a uma modificação na cultura brasileira. Hoje buscamos, cada vez mais, a segurança no tráfego imobiliário, razão pela qual se criou entre os compradores a realização da chamada *due diligence* imobiliária. Isso significa a contratação de escritórios de advocacia para pesquisar e verificar prováveis e eventuais problemas que o alienante e seus antecedentes possam ter ou que possam inviabilizar ou atrapalhar o negócio jurídico, tal como ocorre em fusões e aquisições de empresas.

Partindo da premissa de que a mutação jurídico-real – ou seja, qualquer alteração de titularidade, modo de exercício ou direito real que deva ser levado a registro (propriedade, hipoteca, promessa de compra e venda, entre outros previstos no art. 1.225 do Código Civil de 2002) – somente ocorre por intermédio da inscrição do direito no ofício imobiliário (norma vigente desde o Código Civil de 1916), então é possível afirmar que não estamos diante de uma mera repartição burocrática, mas de um serviço público essencial. Trata-se de garantir que as aquisições, entre elas as da propriedade imóvel (núcleo essencial da dignidade da pessoa e da família), sejam feitas de forma segura, eficiente e sem obstáculos.

Com tais informações em mente, neste livro examinaremos inicialmente a **história do registro de imóveis** no país, para entender como chegamos até a edição da Lei n. 6.015, de 31 de dezembro de 1973 (Lei de Registros Públicos) e suas alterações, instrumentos também designado como *Ordenamento de Registros Públicos*.

Em seguida, no segundo capítulo, analisaremos os principais **sistemas de registro imobiliário** – o sistema francês e o sistema alemão –, fontes das quais os legisladores pátrios se serviram para criar o sistema brasileiro, que é misto. Posteriormente, no terceiro capítulo, descreveremos os **princípios fundamentais aplicáveis ao registro de imóveis**, os quais impactam diretamente a atividade diária registral predial, e também identificaremos seus reflexos no Ordenamento de Registros de 1973.

No quarto capítulo, abordaremos as **atribuições** e a **natureza do serviço registral** na Constituição Federal de 1988, na Lei de Registros Públicos, na Lei de Notários e Registradores e nos Códigos de Normas das Corregedorias dos estados. No quinto, apresentaremos uma breve **análise dos livros** existentes no registro de imóveis, conforme previsão na Lei de Registros Públicos, sem levar em conta os diversos outros livros previstos nos Códigos de Normas estaduais.

A mais importante atribuição registral, a **qualificação dos títulos** que ingressarão na tábua registral, será examinada à parte, no sexto capítulo. É nesse momento que o oficial imobiliário demonstra seu conhecimento jurídico e utiliza seu saber prudencial, realizando a qualificação positiva ou negativa dos títulos que adentram o Livro Protocolo.

Por fim, no último capítulo, analisaremos os procedimentos principais do registro imobiliário, notadamente o procedimento de dúvida, o processo de retificação e o processo de usucapião extrajudicial, com a presidência do procedimento pelo registrador imobiliário.

Convidamos o leitor a embarcar na leitura desta obra para dar início ao aprendizado acerca do registro imobiliário, refletindo sobre o papel desta instituição do direito que tem por missão salvaguardar os fundamentos da República Federativa do Brasil, em especial a dignidade da pessoa humana.

Este livro traz alguns recursos que visam enriquecer seu aprendizado, facilitar a compreensão dos conteúdos e tornar a leitura mais dinâmica. São ferramentas projetadas de acordo com a natureza dos temas que vamos examinar. Veja a seguir como esses recursos se encontram distribuídos no projeto gráfico da obra.

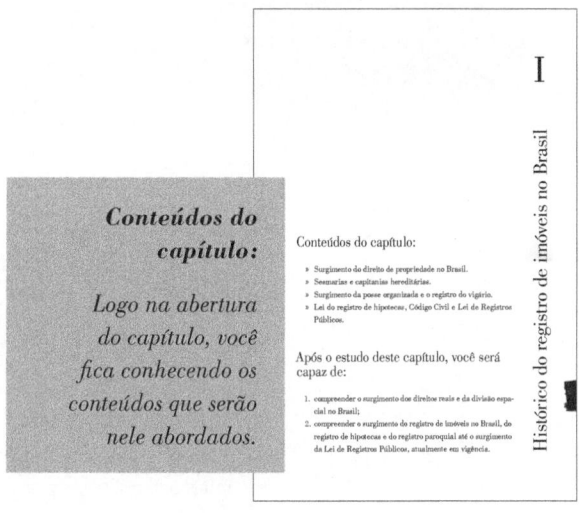

Conteúdos do capítulo:

Logo na abertura do capítulo, você fica conhecendo os conteúdos que serão nele abordados.

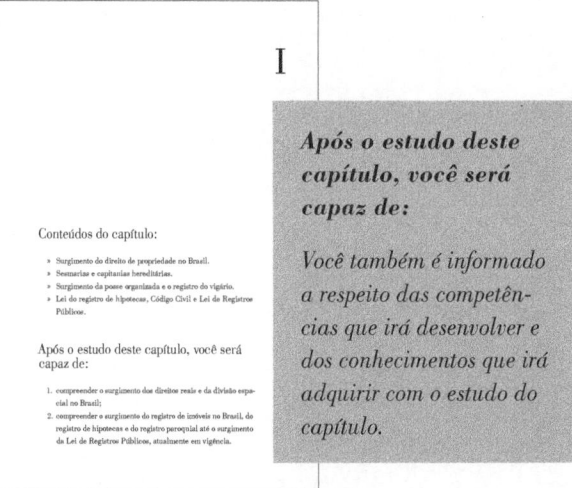

Após o estudo deste capítulo, você será capaz de:

Você também é informado a respeito das competências que irá desenvolver e dos conhecimentos que irá adquirir com o estudo do capítulo.

como aproveitar ao máximo este livro

Síntese

Você dispõe, ao final do capítulo, de uma síntese que traz os principais conceitos nele abordados.

Questões para revisão

Com essas atividades, você tem a possibilidade de rever os principais conceitos analisados. Ao final do livro, o autor disponibiliza as respostas às questões, a fim de que você possa verificar como está sua aprendizagem.

Questões para reflexão

Nessa seção, a proposta é levá-lo a refletir criticamente sobre alguns assuntos e trocar ideias e experiências com seus pares.

Para saber mais

Você pode consultar as obras indicadas nesta seção para aprofundar sua aprendizagem.

Questões para reflexão

1) Como podemos explicar a necessidade de criação do registro imobiliário?
2) Explique como se relacionam a dupla eficácia da publicidade registral e a presunção de domínio do titular.

Para saber mais

Para quem deseja se aprofundar no estudo da evolução histórica e da criação do registro de imóveis no Brasil, sugerimos a consulta da seguinte obra:
BALBINO FILHO, N. **Direito registral imobiliário**. 2. ed. São Paulo: Saraiva, 2012.

Estudo de caso

Esta seção traz ao seu conhecimento situações que vão aproximar os conteúdos estudados de sua prática profissional.

Averbação de existência de ações *versus* princípio da continuidade

O proprietário dais um imóveis, sr. A, resolveu doar um deles a suas filhas, srta. B e srta. C. Foi lavrada escritura de doação, foram recolhidos os tributos e foi efetuado o registro perante o cartório imobiliário competente.

O sr. A, contudo, é sócio de uma empresa devedora em uma ação, já em fase de cumprimento de sentença. O juiz dessa execução deferiu a desconsideração da personalidade jurídica da empresa devedora, e a credora tentou penhorar tal imóvel. Entretanto, o imóvel não mais se encontrava em nome do sócio da empresa, mas em nome de suas filhas, impedindo a constrição pela ofensa do princípio da continuidade.

A credora ajuizou ação anulatória (ação pauliana) e, com fundamento no art. 54, inciso IV, da Lei n. 13.097, de 19 de janeiro de 2015 (Brasil, 2015c), requereu fosse determinada pelo juiz a averbação de existência da ação, visando resguardar seus direitos e proteger a boa-fé de eventuais terceiros (princípio da publicidade e finalidade dos registros públicos – segurança jurídica). Tal pedido foi deferido e foi expedido mandado de averbação.

I

Histórico do registro de imóveis no Brasil

Conteúdos do capítulo:

- » Surgimento do direito de propriedade no Brasil.
- » Sesmarias e capitanias hereditárias.
- » Surgimento da posse organizada e o registro do vigário.
- » Lei do registro de hipotecas, Código Civil e Lei de Registros Públicos.

Após o estudo deste capítulo, você será capaz de:

1. compreender o surgimento dos direitos reais e da divisão espacial no Brasil;
2. compreender o surgimento do registro de imóveis no Brasil, do registro de hipotecas e do registro paroquial até o surgimento da Lei de Registros Públicos, atualmente em vigência.

Estudar o surgimento do cadastro imobiliário nos mais variados países pressupõe, necessariamente, entender como se deu a **apropriação de terras** e suas particularidades em cada uma das nações.

No contexto das circunstâncias históricas de formação econômica, social e cultural, os países adaptam o registro de imóveis e dos direitos reais decorrentes deles. Neste capítulo, examinaremos, em linhas gerais, como se deu o surgimento do registro de imóveis no Brasil, no período colonial, desde a Independência e até os dias atuais.

Desde o descobrimento até a Independência, no Brasil a propriedade imobiliária era única e exclusivamente da Coroa Portuguesa, o que tornava desnecessária a existência de um registro da propriedade imobiliária. Assim, os cadastros das cartas de sesmarias estavam ligados apenas a uma necessidade organizacional do território, mesmo porque a ocupação territorial era mínima.

Entretanto, com a chegada da família real ao Brasil, o surgimento das cidades e o consequente florescimento da atividade econômica, tornou-se imperativa a concessão de crédito para os mais variados setores. Tais empréstimos eram baseados na detenção de imóveis, utilizados como garantia da operação financeira. Surgiu, então, a necessidade de organizar um cadastro de direitos reais sobre imóveis para registro das hipotecas.

Com o aumento de tais operações, o Estado brasileiro entendeu que a confiabilidade, a publicidade e a segurança de registro do crédito (hipoteca) lastreado em imóveis aumentariam o grau de confiança dos credores e possibilitariam a expansão de tal segmento. Além disso, já se observava o crescimento na apropriação imobiliária, seja no âmbito rural, seja no urbano, razão pela qual era necessária a regularização do cadastro imobiliário.

Apesar de o registro de imóveis ter surgido apenas após a vinda da família real para o país, o **direito de propriedade** surgiu já no "descobrimento" do Brasil, em 22 de abril de 1500. Com esse fato, o rei de Portugal adquiriu o título originário da posse e buscou repartir o território em porções de terra, por intermédio de **cartas de sesmarias** (Carvalho, 1998, p. 1).

O termo *sesmaria*, de acordo com Balbino Filho (2012, p. 26), significa, "para alguns, medida de divisão das terras do alfoz", enquanto para outros a palavra deriva

> *de sesma ou sesmo, que significa a sexta parte de qualquer coisa; ou ainda, para outros, do baixo latim,* caesina *que quer dizer incisão, corte. Conforme definição das Ordenações Manuelinas e Filipinas, "sesmarias são, propriamente, as datas de terras, casais ou pardieiros, que foram, ou são de alguns senhorios e que já em outros tempos foram lavradas e aproveitadas, e agora não são".*
> (Balbino Filho, 2012, p. 26)

Esses documentos eram concedidos por delegatários portugueses, para fins de posse da terra no Brasil. Em 1530, o Rei D. João III, com o intuito de acelerar o processo de povoação e utilização do território brasileiro, concedeu a Martim Afonso de Souza a responsabilidade de concessão de sesmarias. Porém, passados dois anos, o monarca determinou a instituição das capitanias hereditárias, podendo os receptores de tais terras, mediante parcelamento, conceder terras pelo regime de sesmarias (Balbino Filho, 2012, p. 25-26).

Devemos salientar que a concessão de tais cartas não configurava a transmissão da propriedade, mas tão somente "das vantagens que os donatários aufeririam pela percepção de proventos que as capitanias lhes proporcionassem" (Balbino Filho, 2012, p. 26). Tratava-se, portanto, de doação – assemelhada ao usufruto (Maia, 2013, p. 464) –, podendo o donatário se utilizar e se apropriar dos frutos que o imóvel pudesse lhe render.

Após a concessão, era necessária a confirmação por parte do soberano português (a ser feita no prazo de um ano), cujos requisitos eram ser cristão e efetuar o pagamento do dízimo ao Mestrado de Cristo, estando as sesmarias isentas de pagamento de foro, ou seja, da taxa recolhida ao Estado para remuneração pela utilização do bem. Cada detentor de capitania fixava a medida máxima dos imóveis, e, a partir de 1753, tornaram-se obrigatórias a medida e a demarcação judicial das terras (Balbino Filho, 2012, p. 26-27).

Para fins de organização da ocupação do solo, em 3 de março de 1770, o governador (ou capitão-general) mandou "passar a carta de concessão que, depois de registrada nas Secretarias do Governo, e de haver por ela dado posse ao concessionário, devia ser, com os autos do respectivo processo, novamente registrada na Secretaria da Casa da Fazenda e Administração" (Balbino Filho, 2012, p. 27).

Nessa fase do período colonial, a utilização dos imóveis era extremamente restrita e desorganizada, até mesmo porque a povoação do território nacional era ainda incipiente. Isso ocorria porque o "quadro da educação superior da colônia só começou a mudar com a chegada da Corte em 1808. [...] Mas as escolas dedicadas explicitamente à formação da elite política só surgiram após a Independência" (Carvalho, 2003, p. 73). Com a chegada da família real ao Brasil e do crescimento técnico e científico, possibilitou-se o florescimento de uma economia nas cidades para além do campo.

> *Nessa fase do período colonial (fim do século XVIII), a utilização dos imóveis era extremamente restrita e desorganizada, até mesmo porque a povoação do território nacional era ainda incipiente.*

Nesse cenário de crescimento econômico e cultural, não causa estranheza que a primeira norma a regular os registros de imóveis tenha vindo da Lei Orçamentária n. 317, de 21 de outubro de 1843 (Brasil, 1867), regulamentada pelo Decreto n. 482, de 14 de novembro de 1846 (Brasil, 1847b), que organizava o registro de hipotecas, ou seja, a obtenção de crédito por intermédio da propriedade imobiliária. Nos dizeres de Afrânio de Carvalho (1998, p. 3, grifo do original): "Num país de enorme extensão territorial, cuja economia *assentava* sobretudo na agricultura, [...] compreende-se que a ideia do Registro tenha acudido em primeiro plano para a proteção do crédito e não da propriedade". Esta foi também a base do surgimento registral na Alemanha, o qual também remonta à utilização das hipotecas para a garantia de financiamento agrícola.

Como os acervos públicos referentes ao direito de propriedade não estavam organizados e estruturados o suficiente para dar a necessária segurança aos negócios jurídicos hipotecários, logo se percebeu que a mencionada Lei Orçamentária não traria os avanços indispensáveis à prosperidade da atividade comercial. Portanto, foi editada a Lei n. 601, de 18 de setembro de 1850, conhecida também como *registro do vigário* (Brasil, 1850), regulada pelo Decreto n. 1.318, de 30 de janeiro de 1854 (Brasil, 1854), o qual instituiu (junto ao vigário de cada uma das freguesias do Império) a obrigatoriedade do registro das terras possuídas por particulares, por intermédio do registro paroquial, sob pena de serem consideradas terras devolutas e serem incorporadas ao patrimônio das províncias. É importante salientar que, nesta primeira codificação, foi firmada a **competência dos registradores imobiliários**, a qual se dá até hoje: o local do imóvel define em qual ofício ele deverá ser inscrito (Sant'Anna, 2013a, p. 1.098).

Aponta o mencionado decreto, em seus arts. 91 e 93:

> Art. 91. Todos os possuidores de terras, qualquer que seja o título de sua propriedade, ou possessão, são obrigados a fazer registrar as terras, que possuírem, dentro dos prazos marcados pelo presente Regulamento, os quais se começarão a contar, na Corte, e Província do Rio de Janeiro, da data fixada pelo Ministro e Secretário d'Estado dos Negócios do Império, e nas Províncias, da fixada pelo respectivo Presidente.

> [...]
> Art. 93. As declarações para o registro serão feitas pelos possuidores, que as escreverão, ou farão escrever por outrem em dois exemplares iguais, assinando-os ambos, ou fazendo-os assinar pelo indivíduo que os houver escrito, se os possuidores não souberem escrever. (Brasil, 1854)

Apesar de sua obrigatoriedade, o registro paroquial da posse não induzia a nenhum efeito, seja em face de terceiros, seja em face do Estado. Textualmente, o decreto indicou que a inscrição não produziria nenhum direito aos possuidores (art. 94). Segundo Nicolau Balbino Filho (2012, p. 42),

> *O registro do Vigário, sem sombra de dúvida, constitui precioso instrumento probatório da posse, mas para formar título de domínio do possuidor contra o Estado dependia de legitimação. Sem essa formalidade, era apenas um documento demonstrativo da posse e, conforme preleciona Francisco Morato, desde que a tenham por trintenária ou secular, mansa, pacífica e ininterrupta, por si e seus antecessores, podem os possuidores invocar a usucapião para repelir a reivindicação proposta.*

Uma vez que o registro paroquial da posse das terras das sesmarias não tinha o efeito da presunção da propriedade ou sequer a fé pública requerida para gerar a segurança e a publicidade necessária ao tráfico imobiliário, a transmissão da propriedade imóvel se dava por meio da tradição. Trata-se da adoção da teoria romana do título e do modo de adquirir. O **título** (escrito público ou particular) seria a causa, qual seja, a relação de direito pessoal obrigacional; já a **tradição** (transmissão) seria o fato material pelo qual se manifesta essa relação (Carvalho, 1998, p. 3).

Pela insuficiência no sistema da Lei Orçamentária de 1846, foi editada a Lei n. 1.237, de 24 de setembro de 1864 (Brasil, 1864), regulada pelo Decreto n. 3.453, de 26 de abril de 1865 (Brasil, 1865), que criou o registro geral em substituição ao registro de hipotecas, traçando as feições do sistema registral que temos hoje. Com a sanção dessa lei e de seu decreto, foi reiterada a obrigatoriedade do **processo de inscrição** (tratada na lei como *transcrição*) dos ônus reais e das hipotecas. Assim, a tradição foi substituída como forma de aquisição de direitos reais, mantendo-se o negócio jurídico como criador de obrigações pessoais (Carvalho, 1998, p. 4).

É certo que, com essas normas, iniciou-se de forma mais cabal o processo de organização e estruturação dos títulos de transmissão dos direitos reais. Apesar da utilização da matriz germânica, houve um afastamento quando esta não consagrou o princípio da fé pública. Restou consignado no art. 8º, parágrafo 4º, da Lei n. 1.237/1864 que, mesmo transcrito, o direito real não induziria a prova de domínio, colocando a salvo eventuais direitos de terceiros (Carvalho, 1998, p. 4). Além disso, foi afastada a necessidade de transcrição de alguns atos, chamados de *privilegiados*, tais como arrematações, adjudicações, sentenças em ações divisórias e transmissão *causa mortis* (Balbino Filho, 2012, p. 20), e de hipotecas gerais e ocultas em favor da mulher casada e de incapazes (Carvalho, 1998, p. 5).

Apesar das críticas por parte da doutrina, houve inegável avanço no que tange à publicidade, conforme é possível observar no art. 80 do Decreto n. 3.453/1865. A **dupla eficácia da publicidade** foi acolhida – inter partes, a transcrição do título transformava com segurança o vínculo obrigacional em direito real e, entre terceiros, tornava o vínculo real conhecido, com vistas a ser respeitado (Carvalho, 1998, p. 5).

Após algumas alterações pontuais relativas à necessidade de observância da especialização da hipoteca legal, a próxima alteração legislativa substancial se deu com o Código Civil de 1916 – Lei n. 3071, de 1º de janeiro de 1916 (Brasil, 1917). Este tratou, em capítulo específico, da matéria registral e acolheu os procedimentos do registro geral, alterando o nome deste para **registro de imóveis** (arts. 856 a 862).

Foi com esse diploma que se tornou necessária a transcrição de (quase) todos os títulos translativos de direitos reais (arts. 531 e 532). Sua principal inovação foi acolher a **presunção de domínio do titular** que estivesse inscrito na tábua registral (art. 859), pondo a salvo, entretanto, o direito do prejudicado de exigir a retificação das incongruências. A par disso, adotaram-se os princípios da **inscrição** (arts. 530 e 676), da **prioridade** (art. 833), da **especialidade** (art. 846), da **publicidade** (art. 856) e da **presunção** (art. 859), deixando-se, todavia, de se adotar o princípio da **continuidade** e da **fé pública** (Carvalho, 1998, p. 6).

Em substituição à Lei de 1864 e a fim de ajustar a situação registral ao Código Civil de 1916, foi editado o Decreto n. 4.827, de 7 de março de 1924 (Brasil, 1925), e seu regulamento, o Decreto n. 18.542, de 24 de dezembro de 1928 (Brasil, 1929). Nessa ocasião foi introduzido o **princípio da continuidade**, conforme é possível verificar no art. 234 do Decreto n. 18.542/1928. É importante ressaltar que, por mais que o sistema estivesse mais organizado e apto para cumprir seu papel de publicidade e segurança jurídica ao trânsito dos direitos reais, ainda assim existiam ajustes a serem feitos.

Buscando-se modificar a sistemática instituída em 1924 e 1928, foi editado o Decreto-Lei n. 1.000, de 21 de outubro de 1969 (Brasil, 1969c). Porém, contando com uma *vacacio legis* de apenas seis meses (art. 300) e também com um complexo de contradições (Carvalho, 1998, p. 9), sua entrada em vigor foi prorrogada, sendo enviado ao Congresso o projeto de legislação que culminou na Lei n. 6.015, de 31 de dezembro de 1973 (Brasil, 1973c), conhecida como *Lei de Registros Públicos*.

A **Lei de Registros Públicos**, modificada pela Lei n. 6.216, de 30 de junho de 1975 (Brasil, 1975), entrou em vigor em 1º de janeiro de 1976, consagrando como figura central do ofício imobiliário a **matrícula** (fólio real), sendo uma para cada imóvel.

Esse sistema, surgido na Alemanha no século XIII, permite a organização dos cadastros, ordenados por imóveis (Balbino Filho, 2012, p. 77), sendo as mutações jurídicas reais daquele imóvel em específico anotadas na ficha. Em outros sistemas, a organização dos cadastros tem como centro a pessoa ou a ordem de recepção dos documentos (fólio pessoal ou cronológico-pessoal). Esse era o sistema adotado no Brasil até a edição da Lei de Registros Públicos de 1973. No sistema revogado, poderia constar (de uma mesma transcrição) a inscrição de direitos reais relativos a mais de um imóvel.

Com o imóvel no centro do sistema organizacional, tornaram-se mais fáceis os lançamentos, pela redução dos livros e pela concentração de diversos atos no Livro n. 2 (Balbino Filho, 2012, p. 81). Segundo Afrânio de Carvalho (1998, p. 13), apesar dos avanços que a Lei n. 6.015/1973 consolidou, ela ainda representa uma transição do sistema francês, antigamente tomado pelo legislador brasileiro, para o sistema alemão. A explicação desses dois sistemas, assim como a do sistema brasileiro, compõe o próximo capítulo.

Síntese

Analisamos, neste capítulo, sob quais circunstâncias sociais, econômicas e culturais se deu o surgimento do registro de imóveis no Brasil. Ao tratarmos desse tema, evidenciamos a importância da instituição e seu papel na concepção da segurança e da estabilidade propiciadas por meio da publicidade dos negócios jurídicos reais imobiliários. Além disso, buscamos auxiliar na percepção de escolhas legislativas sobre qual seria o sistema mais adequado a ser utilizado.

Questões para revisão

1) Sobre a história do registro de imóveis no Brasil, assinale a alternativa correta:
   a. Em âmbito nacional, o direito de propriedade surgiu com o "descobrimento" do Brasil, pois o rei de Portugal adquiriu a propriedade e a posse das terras brasileiras. A transmissão da propriedade para os particulares ocorria somente por meio das cartas de sesmarias.
   b. Após a concessão da sesmaria, eram permitidas eventuais transferências, sendo desnecessária a confirmação do rei português.
   c. A primeira norma a regular os registros de imóveis veio da Lei Orçamentária n. 317, de 21 de outubro de 1843, regulamentada pelo Decreto n. 482, de 14 de novembro de 1846, que organizava integralmente o registro de imóveis, assim como as hipotecas.
   d. O registro paroquial da posse, embora obrigatório, não induzia a qualquer efeito, seja em face de terceiros ou do Estado.

2) Sobre a inscrição após a entrada em vigor do Código Civil, assinale a alternativa correta:
   a. O Código Civil adotou a teoria da presunção absoluta de validade da inscrição, estando o prejudicado impedido de modificar o registro.

b. Foi adotado o princípio da continuidade do registro, com vistas ao encadeamento de todas as aquisições e todos os títulos existentes no cadastro imobiliário.

c. O Código Civil adotou o princípio da inscrição, determinando que somente pela inscrição do título no registro de imóveis é que se operariam a aquisição e a modificação dos direitos reais.

d. Foi com esse diploma que se tornou necessária a transcrição de todos os títulos translativos de direitos reais.

3) Sobre as modificações acolhidas pela Lei de Registros Públicos, assinale a alternativa **incorreta**:

a. Foi acolhido o fólio real em substituição ao fólio pessoal, ou seja, o sistema passou a ser organizado tendo os imóveis no centro do sistema, em oposição ao sistema francês, anteriormente adotado.

b. O princípio da continuidade somente foi recepcionado pelo sistema registral pela Lei de Registros Públicos.

c. Com o imóvel no centro do sistema organizacional, tornaram-se mais fáceis os lançamentos, pela concentração de diversos atos no Livro n. 2.

d. Foi com essa lei que se adotou a matrícula.

4) O que foi o registro do vigário e qual foi seu efeito em relação ao proprietário?

5) Qual foi o efeito da inscrição depois de o Código Civil entrar em vigor?

Questões para reflexão

1) Como podemos explicar a necessidade de criação do registro imobiliário?
2) Explique como se relacionam a dupla eficácia da publicidade registral e a presunção de domínio do titular.

Para saber mais

Para quem deseja se aprofundar no estudo da evolução histórica e da criação do registro de imóveis do Brasil, sugerimos a consulta da seguinte obra:
BALBINO FILHO, N. **Direito registral imobiliário**. 2. ed.
 São Paulo: Saraiva, 2012.

II

Conteúdos do capítulo:

» Sistema de registro alemão.
» Presunção absoluta de domínio.
» Sistema de registro francês.
» Presunção relativa de domínio.
» Sistema misto.

Após o estudo deste capítulo, você será capaz de:

1. identificar as similaridades e as diferenças entre os sistemas alemão, francês e brasileiro de registro de imóveis;
2. entender o papel do registro em cada um dos sistemas;
3. compreender o papel da publicidade nos diferentes sistemas.

Sistemas de registro

A diferenciação entre as diversas formas de sistema registral adotadas no mundo se dá pelo efeito dado à publicidade da inscrição dos direitos reais em seus cadastros. Regra geral, a doutrina nacional os divide em três tipos: alemão, francês e brasileiro (Carvalho, 1998; Ceneviva, 1991; Balbino Filho, 2012).

No primeiro modelo, denominado **publicista, constitutivo** ou **sistema alemão** (Carvalho, 1998, p. 15; Ceneviva, 1991, p. 281), a lei outorga à inscrição do negócio jurídico no órgão registrador o efeito de constituir a relação do direito real oriundo do acordo de vontade entre as partes. O título não gera efeitos para fins de transformação dos direitos reais.

Já no segundo caso, denominado **declaratista, privatista, consensual** ou **sistema francês** (Ceneviva, 1991, p. 281), a publicidade tem o efeito de ciência a terceiros dos negócios jurídicos entabulados pelos detentores dos direitos reais inscritos. O título, nesse sistema, adquire vasta importância como criador do direito real (Carvalho, 1998, p. 15).

O terceiro e último tipo, denominado **eclético** ou **sistema brasileiro** (Carvalho, 1998, p. 15), combina a importância do título com a forma de aquisição do direito, utilizando a clássica doutrina romana (da necessidade da existência do título e da tradição). Nesse sistema, a tradição da coisa foi substituída pela inscrição. O título (instrumento público ou particular) gera direito obrigacional entre as partes, e sua inscrição cria o direito real e dá publicidade a terceiros, gerando oponibilidade *erga omnes* (Carvalho, 1998, p. 16).

Neste capítulo, faremos uma concisa introdução a respeito dos sistemas imobiliários clássicos. Demonstraremos em que se aproximam ou se distanciam do sistema brasileiro, para, posteriormente, analisarmos de forma detida o direito registral brasileiro.

2.1 Sistema alemão

Em seu surgimento, a propriedade imobiliária, para o direito germânico, era considerada comunal. A partir da permissão da **apropriação particular**, o simples acordo de vontades era considerado insuficiente para os negócios imobiliários, motivo pelo qual a ele era acrescida a necessidade de um **contrato real**, feito publicamente em uma assembleia de homens livres, na qual eram entregues coisas que simbolizavam o imóvel, como a apropriação material do bem denominada de *Gewere* (Jardim, 2013b, p. 423; Balbino Filho, 2012, p. 263). Posteriormente, tal apropriação foi unida em um só ato à tradição, sendo a publicidade em assembleia reduzida à necessidade de 24 testemunhas e, ainda mais à frente, à realização do acordo na presença de um juiz representante da comunidade (Jardim, 2013b, p. 424).

Aproximadamente entre os anos de 1135 e 1142, na cidade alemã de Colônia, surgiram os primeiros traços da **inscrição do ato** (Balbino Filho, 2012, p. 67). Para a guarda dos negócios imobiliários, eram utilizadas **folhas arquivadoras** (*Schreinkarten*), a partir das quais eram formados **livros arquivadores** (*Schreinbucher*). Tal inscrição, que se constituía em protocolo, visava à comprovação do negócio jurídico que era realizado perante o juiz comunal. Posteriormente, era submetida à autoridade arquivadora, a qual, examinando os pressupostos, outorgava uma **certidão comprobatória** da relação jurídica (Balbino Filho, 2012, p. 75). Logo, a necessidade de realização do pacto em assembleia – ou na presença de testemunhas – deixou de ser relevante para fins de publicidade, pois cedeu lugar à inscrição no arquivo.

Entretanto, apesar de ser um avanço, segundo Mônica Jardim (2013b, p. 424), o registro tinha como finalidade apenas a comprovação do consentimento senhorial, requisito para a validade do acordo de vontades, ou seja, não gerava presunção de obtenção do direito.

Foi no século XV que o registro passou a ser **indispensável** para a aquisição real: o acordo de vontades (*Einingung*) e a inscrição causaram a transformação real, ou seja, a alteração de titularidade, forma, conteúdo ou de qualquer aspecto do direito real (Balbino Filho, 2012, p. 264). Com Frederico, o Grande (rei da Prússia entre 1740 e 1786), foi realizado um esforço organizacional no sentido da publicidade do cadastro imobiliário, tornando-se obrigatórios a inscrição de prédios, o registro como ato constitutivo de todos os direitos relativos a imóveis e o exame prévio da legalidade dos títulos apresentados para registro (Jardim, 2013b, p. 424).

A regulamentação nacional somente se deu em 1935, tornando o registro parte do Poder Judiciário municipal. Foi acolhido o sistema em que o imóvel é o centro dos cadastros (fólio real), reafirmando-se que é somente com a inscrição dos contratos que são constituídos os direitos sobre os imóveis. O procedimento de registro imobiliário passou a ser reconhecido como procedimento de jurisdição voluntária* (Jardim, 2013b, p. 425). A forma de aquisição dos direitos reais (direito material) é disciplinada no Código Civil alemão

---

* A jurisdição é, segundo Didier Júnior (2009, p. 67), "função atribuída a terceiro imparcial [a] de realizar o direito de modo imperativo [b] e criativo [c], reconhecendo/efetivando/protegendo situações jurídicas [d] concretamente deduzidas [e], em decisão insuscetível de controle externo [f] com aptidão para tornar-se indiscutível [g]". O Poder Judiciário é uma das principais figuras que exercem a jurisdição. Já a jurisdição voluntária é, conforme Didier Júnior (2009, p. 95), "uma atividade estatal de integração e fiscalização. Busca-se do Poder Judiciário a integração da vontade, para torná-la apta a produzir determinada situação jurídica. Há certos efeitos jurídicos decorrentes da vontade humana que somente podem ser obtidos após a integração dessa vontade perante o Estado-juiz, que o faz após a fiscalização dos requisitos legais para a obtenção do resultado almejado".
É nesse campo que o processo de registro se enquadra na Alemanha.

(*Burcherliches Gesetzbuch* – BGB), e seus aspectos técnicos e procedimentais (direito formal) são disciplinados pelo Regulamento de Registro de Imóveis da Alemanha (*Grundbuchordnung* – GBO). Na atualidade, o sistema germânico pode ser sintetizado assim:

> O sistema jurídico alemão consagra uma instituição registral forte, atribuindo à inscrição caráter constitutivo. A publicidade entra no próprio conceito de direito real, tornando-se, assim, reflexo fiável das situações jurídico-imobiliárias e suporte de confiança razoável e legalmente protegida dos terceiros de boa-fé. (Jardim, 2013b, p. 425)

A função de registro é exercida em caráter público (Ceneviva, 2013a, p. 567) e, atualmente, por serventuários do Poder Judiciário, supervisionados por juízes de primeira instância (*Grundbuchrichter*).

> As **principais características** do sistema alemão são: a territorialidade, o sistema de fólio real e o efeito constitutivo da inscrição em relação ao direito real contido no pacto negocial. O registro é feito por requisição das partes e, para cada ato, é atribuído um número de acordo com sua apresentação.

Os livros do ofício contêm todas as alterações jurídico-reais do imóvel, sendo imprescindível a intervenção do proprietário do direito inscrito para que sejam realizadas novas criações, modificações ou extinções do direito real. É realizada uma análise do título apresentado – denominada *qualificação* – e, caso seja possível o registro, é conferida a ele uma presunção de exatidão das informações contidas no título, convertendo-se em presunção absoluta (*iuris et de iure*) em regra para terceiros adquirentes (Jardim, 2013b, p. 425-426).

Nesse sentido, são **comuns** ao sistema brasileiro e ao alemão os **princípios da inscrição, da instância** (o registrador somente age a pedido do interessado), **da continuidade, da legalidade** (somente os títulos previstos em lei podem entrar na tábua registral), **da especialidade** e **da prioridade**.

Outra característica do sistema alemão a ser destacada é o acolhimento de um tipo de publicidade limitada, visto que, para se obterem certidões dos atos arquivados, é necessária a demonstração de interesse justificado (Ceneviva, 2013a, p. 575). É o contrário do caso brasileiro, que prevê constitucionalmente o direito de publicidade plena (art. 5º, inciso XXXIV, alínea "b" da Constituição de 1988), sem necessidade de comprovação de interesse.

A principal divisão entre os sistemas registrais se dá em razão da publicidade e de seus efeitos jurídicos. Por esse motivo, é imperativa a análise um pouco mais detida do papel do princípio da inscrição e da presunção e da fé pública no direito germânico.

Quanto ao princípio da inscrição, previsto no parágrafo 891 do BGB, devemos ressaltar que não existe norma jurídica no sistema alemão que imponha a obrigatoriedade do registro (Carvalho, 1998, p. 24). Não obstante, como a aquisição do direito real está condicionada à apresentação do título no órgão registral, a obrigação jurídica acaba por tornar-se desnecessária em virtude dos benefícios gerados para formalizá-la.

> *São comuns ao sistema brasileiro e ao alemão os princípios da inscrição, da instância (o registrador somente age a pedido do interessado), da continuidade, da legalidade (somente os títulos previstos em lei podem entrar na tábua registral), da especialidade e da prioridade.*

No direito germânico, à inscrição são atribuídos os seguintes efeitos: **eficácia constitutiva**, que faz nascer o direito real; **eficácia legitimante**, que induz a presunção de titularidade do direito real inscrito; e **eficácia indutiva da boa-fé do terceiro**, que proporciona a aquisição de direito – algo que ocorre devido à confiança depositada pelo terceiro no conteúdo registral (Jardim, 2013b, p. 436). Existem, porém, alguns títulos que podem **não** ser objeto de inscrição: são os **atos judiciais**, ou **atos do Estado**, tais como adjudicação ou expropriação em processos judiciais executivos; os **atos produzidos por força de lei** – como a sucessão *causa mortis*; e os **atos especiais** – por exemplo, a cessão de direitos hereditários e a conversão em patrimônio comum dos cônjuges após o casamento na comunhão universal (Jardim, 2013b, p. 436).

O princípio da fé pública, ao contrário do sistema brasileiro, está positivado no direito alemão. Nos dizeres de Mônica Jardim (2013b, p. 444, grifo do original):

> *O § 892 do BGB consagra a presunção de integridade do registro (*Vermutung der Vollständigkeit*) em benefício do que adquire, por negócio jurídico, um direito sobre um prédio descrito. Esta presunção entra em jogo quando o registro é inexato, ou seja, quando a situação jurídica inscrita (*verbuchte Rechtslage*) não coincide com a situação jurídica real (*wahre Rechtslage*). O princípio da fé pública tem uma dupla eficácia: positiva em virtude da qual* **a boa-fé supre a falta de direito do transmitente**, *e negativa,* **em virtude da qual a boa-fé torna inexistente tudo o que não conste do registro e possa limitar ou invalidar o direito inscrito**.

Diante disso, o sistema germânico entende como existente, válida e eficaz a aquisição de um direito real outorgado por quem não era detentor do direito (aquisição *a non domino*) (Ceneviva, 2013a, p. 575). Para que isso ocorra, contudo, é necessária a configuração dos seguintes requisitos: deve haver celebração de um negócio jurídico *inter vivos* e a existência de inexatidão registral; o outorgante deve figurar como titular do direito real, enquanto o adquirente deve confiar de boa-fé na exatidão e na integridade do registro

(Jardim, 2013b, p. 445). Essa boa-fé é corrompida quando o adquirente tem conhecimento do desacerto da inscrição ou quando constava inscrito um assento de contradição*.

Em suma, no caso em que o alienante não é o verdadeiro detentor daquele direito real, mas se encontra na qualidade de titular e de legítimo proprietário nos assentos registrais, a boa-fé do adquirente garante que sua aquisição seja mantida, pela confiança que o comprador depositou nas informações prestadas pelo oficial registrador. Exatamente por conta disso há o ditado *"Das Buch kann nicht lügen"*, ou seja, "O livro não mente" (Vallim, 2013, p. 608). No caso de fraude do registro, resta ao real proprietário prejudicado buscar ação pessoal indenizatória contra o causador da fraude.

Ao longo das alterações legislativas brasileiras, podemos observar que, a partir da Lei n. 601/1850 (registro do vigário), começaram a ser incorporadas ao nosso sistema diversas facetas do direito germânico. Notadamente, a maior delas se deu com a adoção do fólio real pela Lei n. 6.015, de 31 de dezembro de 1973 (Brasil, 1973c), pois este criou a correlação entre o bem e a matrícula, o que tornou o imóvel o centro organizacional do cadastro (Ceneviva, 2013a, p. 570), em substituição ao sistema pessoal.

No sistema germânico, o fólio pessoal é **exceção** e somente é utilizado em caso de dúvida ou de confusão entre os registros. No caso brasileiro, constatamos que foram extintos os livros de inscrição hipotecária, transcrição das transmissões, registros diversos e de

---

* Trata-se de um tipo de assento registral, assemelhado à nossa inscrição preventiva, como no caso da averbação de citação de ações reais ou pessoas reipersecutórias, prevista no inciso I do art. 54 da Lei n. 13.097/2015: "O assento de contradição tem uma finalidade muito concreta: anunciar a um terceiro adquirente o início de um processo de retificação registral. O *Widerspruch* não impede futuros registros, mas torna ineficazes os atos posteriores a ele, se o direito do reclamante vier a se confirmar" (Jardim, 2013b, p. 431).

emissão de debêntures para dar lugar ao registro geral do Livro n. 2*. Manteve-se como fonte subsidiária de informações o Livro n. 5**, Indicador Pessoal (Ceneviva, 2013a, p. 570).

Quanto aos princípios da inscrição e da presunção, estes foram acolhidos pelo Código Civil de 1916, nos arts. 533 a 859 (Brasil, 1916), e reiterados pelo Código Civil de 2002, no art. 1.245 e seu parágrafo 1º (Brasil, 2002). De qualquer forma, à época em que foi instituído o Código Civil de 1916, a Lei n. 6.015/1973 e até mesmo o Código Civil de 2002, não houve a adoção do princípio da fé pública de origem germânica.

Basicamente, o argumento dos defensores de seu não acolhimento, no período de instituição da Lei de Registros Públicos, era referente ao caráter precário das informações contidas nos assentos imobiliários. Conceder presunção absoluta a tais dados imprecisos poderia gerar extensa insegurança jurídica, bem como prejudicar o tráfego econômico e a confiança no sistema registral (Vallim, 2013, p. 479; Carvalho, 1998, p. 25). Estes foram os argumentos vencedores.

Analisado o sistema registral constitutivo, resta-nos verificar o sistema francês (ou declaratório), outra influência do período inicial do sistema de registro brasileiro.

---

* É no Livro n. 2 que, atualmente, são registradas e averbadas as diversas mutações jurídicas dos direitos reais, e a matrícula representa um único imóvel, ou seja, o núcleo do sistema (fólio real).

** Como elemento subsidiário de busca, atualmente são anotados no Livro n. 5 todos os nomes que figuram nos demais livros (fólio pessoal).

2.2 Sistema francês

O sistema francês adveio da unificação dos elementos de três sistemas anteriores à Revolução Francesa: o *nantissement*, utilizado pelas províncias do norte da França; o *appropriance*, utilizado na Bretanha; e as *lettres de ratification*, utilizadas no restante do reino (Balbino Filho, 2012, p. 273). Nessa época, os negócios jurídicos relativos aos imóveis não eram divulgados, nem mesmo as hipotecas (Jardim, 2013a, p. 458).

No sistema *nantissement*, a transmissão da propriedade era acompanhada por um oficial da justiça e devia ser inscrita em um registro público, de responsabilidade do Poder Judiciário, sendo que a inscrição expiava o bem de "todos os direitos reais não inscritos anteriormente" (Jardim, 2013a, p. 458). Esse ato judicial se dividia em duas etapas: o *devest* (ou *déshéritance*), no qual o alienante renunciava de forma ficta aos direitos em relação ao imóvel, passando-os para as mãos do Estado, representado pelo juiz; e o *vest* (ou *adhéritance*), por meio do qual o Poder Judiciário passava os poderes inerentes àquele direito para o comprador. Após tal formalidade, extraía-se uma ata que deveria ser transcrita nos arquivos da justiça territorial, momento em que o adquirente era considerado proprietário (Balbino Filho, 2012, p. 272-274).

No caso do sistema *appropriance*, eram feitos anúncios públicos, proclamações em três consecutivas missas dominicais, podendo os detentores de direitos reais se opor ao negócio noticiado. Esgotado o prazo, o direito anunciado prevalecia sobre os demais que estavam em oposição a ele.

Com a sublevação da Revolução Francesa e a modificação de toda a estrutura estatal, foram editadas as Leis de 9 *Messidor* do ano 3 (27 de junho de 1795) e de 11 *Brumaire* do ano 7 (1º de novembro de 1798). A primeira tratou de estruturar um sistema de publicidade hipotecário, enquanto a segunda inaugurou o sistema registral francês (denominado *publicité foncière* ou *registro predial*), lançando suas bases (Jardim, 2013a, p. 459).

Foi prevista a publicidade da constituição e da transmissão de outros direitos reais – porém, somente daqueles sujeitos à hipoteca, motivo pelo qual foram criados os conservatórios de hipotecas. Em razão da ausência plena de publicidade no sistema, a lei determinou que a transcrição geraria efeito de oponibilidade desses direitos em relação a terceiros e à prioridade dos títulos transcritos (Jardim, 2013a, p. 460).

O Código Civil napoleônico de 1804 não acolheu de forma integral os ligeiros avanços que as legislações de 1795 e 1798 haviam inserido no sistema. Voltou-se a permitir a existência de hipotecas legais e outros títulos privilegiados sem o registro, assim como foi afastada a inscrição dos atos de constituição e transmissão por ato *inter vivos*, sendo mantida somente a publicidade para as doações relativas aos bens passíveis de serem hipotecados (Jardim, 2013a, p. 460).

Pela necessidade de dar segurança e confiabilidade às operações financeiras, foi editada uma lei em 23 de março de 1855 que reintroduziu a publicidade nas transmissões e nas constituições de direitos reais *inter vivos*, adquiridos a título oneroso (Jardim, 2013a, p. 461). Para o trânsito do crédito hipotecário poder avançar com segurança, é imperativo que o cadastro das modificações dominiais esteja ordenado e inspire confiança em seus usuários.

Os títulos eram transcritos no conservatório de hipotecas da situação do imóvel (territorialidade), podendo qualquer interessado obter certidão nesse órgão. Foi reiterado o entendimento corrente de que era o acordo de vontades que constituía e transmitia o direito real, sendo a transcrição do título facultativa, o que gerava unicamente oponibilidade perante os terceiros (Jardim, 2013a, p. 461).

Portanto, formalizado um negócio jurídico real e tendo o adquirente transcrito tal direito no conservatório, este teria preferência em face de outros que não tivessem efetuado a inscrição. A força de tal registro reside unicamente no princípio da prioridade. Todavia, mesmo ele não garante a estabilidade e a segurança, pois, em caso de nulidade de seu título causal – como a existência de fraude no negócio jurídico –, sua aquisição seria nula e somente lhe restaria a via da usucapião.

Nesse período histórico, diversas dificuldades do sistema foram denunciadas: a facultatividade da inscrição, a ausência de identidade do imóvel, a ausência de presunção de domínio, a existência de diversos atos afastados da publicidade (aquisição *causa mortis*, hipotecas legais e gerais) e, por fim, a utilização do cadastro tendo o proprietário como centro referencial sem o encadeamento necessário para se acautelar o mercado imobiliário (Jardim, 2013a, p. 462).

Atualmente, o sistema francês é regido pelo Decreto n. 55-22, de 4 de janeiro de 1955, e pelo Código Civil de 1804, com suas posteriores alterações, sendo a mais significativa a Lei n. 98-261, de 6 de abril de 1998, que ainda mantém suas principais características históricas. A transcrição é realizada por órgão público ligado ao Ministério das Finanças e sua competência se dá em razão do local do imóvel (*bureau des hypothèques*), sendo o conservador (registrador) um agente da administração fiscal (Jardim, 2013a, p. 464). É utilizado o fólio pessoal para a organização dos cadastros, embora a busca possa ser feita com base no imóvel, desde a Lei de 1955. Apenas os atos apontados na legislação podem ser levados a registro, sendo as hipotecas inscritas e transcritos os atos judiciais.

A ausência do registro, atualmente, gera algumas consequências. A inoponibilidade a terceiros, a impossibilidade de transcrição do ato após o prazo conferido, a responsabilidade civil, a inadmissibilidade de pedidos em ações judiciais, entre outras, são as principais (Jardim, 2013a, p. 465).

A publicidade levada a cabo com a transcrição do título protege o titular perante atos não inscritos, mas não tem o condão de corrigir eventuais vícios dos atos arquivados, pois não se constitui em requisito para a constituição e a formação do direito real, fato que está diretamente ligado ao título aquisitivo. Sendo nulo o título, será igualmente nulo o registro. Por tal motivo, no sistema francês não se acolheu o princípio da fé pública.

A sanção jurídica de maior grau pela ausência de registro dos atos é a **inoponibilidade em face de terceiro**. Notemos que a relação obrigacional entre as partes é plenamente válida e eficaz, mas não surte efeito *erga omnes*. Todavia, para a configuração da qualidade de terceiro, existem alguns requisitos: ser terceiro em relação ao ato não registrado, não ser responsável pela ausência da inscrição, ter adquirido direito sobre o imóvel cujo título também deverá ser registrado, existência de conflito entre os adquirentes do mesmo alienante e ausência de *consilium fraudis* entre o alienante e o terceiro (Jardim, 2013a, p. 478-479).

Em virtude das características do registro predial francês, notadamente pela falta de acolhimento do princípio da presunção e da inscrição, para garantir certa segurança do adquirente, é necessário recorrer ao instituto da prescrição aquisitiva e da usucapião (Jardim, 2013a, p. 466).

Além desses traços distintivos, restam acolhidos também os princípios da prioridade (o direito do que primeiro for registrado tem mais força que o daquele que foi registrado posteriormente) e da continuidade (prévio registro do documento do alienante).

Não há qualificação registral, ou seja, o funcionário do *publicité foncière* não faz análise jurídica do título apresentado. Ele apenas avalia seus requisitos externos e, por conta disso, o registro não gera presunção – nem mesmo relativa – de exatidão do conteúdo, não podendo sequer atestar a existência do direito arquivado. É exatamente por isso que "o registro apresenta uma fraca força probatória, impedindo que o sistema consagre o princípio de legitimação" (Jardim, 2013a, p. 465).

2.3 Sistema brasileiro

Até a edição do Código Civil de 1916, o sistema francês exerceu notável influência para a constituição e a criação do registro de imóveis brasileiro, especialmente pela ausência da obrigatoriedade registral, pela ausência de presunção de domínio daquele que se encontra inscrito na tábua registral, pela ausência de fé pública, pela utilização do fólio pessoal como cerne da estrutura do sistema e até mesmo pelos termos utilizados (por exemplo, *transcrição*). No entanto, com o advento do Código Civil de 1916, o sistema brasileiro descolou-se de sua vertente francesa para adotar parcialmente o sistema alemão.

Sobre isso, Clóvis Bevilaqua (citado por Conde, 2013, p. 272) afirma:

> *Tratando nós de organizar o Código Civil, era natural que nos preocupássemos com esse assunto [...] e então supus que era ocasião propícia, se não de introduzir entre nós, porque parecia impossível, o sistema germânico em sua plenitude, porque este depende da propriedade cadastrada, ao menos no que ele tem de essencial e de aplicável sem dependência da organização cadastral.*

> Com o advento do Código Civil de 1916, o sistema brasileiro descolou-se de sua vertente francesa para adotar parcialmente o sistema alemão.

Nosso sistema adotou a clássica formulação romana do título causal do modo de aquisição, ou seja, da existência de título público ou particular, de acordo com o valor do bem (Código Civil de 1916, art. 134, II), gerador de direitos obrigacionais *inter partes*, sendo a tradição substituída pela inscrição do título no ofício registral (art. 530). Essa fórmula se repete no Código Civil de 2002 (respectivamente, art. 108 e art. 1.245). Outros países, como Espanha, Áustria, Suíça e Chile, também adotam esse sistema (Augusto, 2013b, p. 191).

> A aquisição do direito real somente se dá com a inscrição do título no cadastro imobiliário em todos os casos, sem exceção de nenhum título, presumindo-se, para todos os efeitos, detentor do direito aquele que consta na matrícula (Código Civil de 2002, art. 1.245, § 1º). Porém, ficam ressalvadas eventuais falhas no registro, podendo o interessado reclamar a retificação de tais informações.

Como demonstraremos na sequência, existem dúvidas doutrinárias sobre se, com o acolhimento da concentração dos atos na matrícula e a inoponibilidade dos gravames não inscritos ao terceiro de boa-fé – conforme o art. 54 da Lei n. 13.097, de 19 de janeiro de 2015 (Brasil, 2015c) –, o princípio da fé pública foi acolhido e, assim, admitiu-se na íntegra o sistema germânico. Tal situação ainda não é pacífica.

A publicidade registral é plena, podendo qualquer interessado buscar as informações fornecidas por meio de certidão, pelo registrador imobiliário.

Em síntese, podemos afirmar que o serviço registral é uma atividade pública, exercida por particulares aprovados em concurso público de provas e títulos, nos termos do art. 236 da Constituição Federal (Brasil, 1988) e sob a supervisão do Poder Judiciário, de acordo com o art. 37 da Lei n. 8.935, de 18 de novembro de 1994 (Brasil, 1994b). Em linhas gerais, este é o panorama do sistema registral brasileiro.

Síntese

Como destacamos, os sistemas de registro de imóveis, quanto ao efeito dado à publicidade da inscrição do título, podem ser assim descritos: no modelo alemão, a inscrição cria o direito real que induz a presunção absoluta de titularidade do direito real inscrito e reflete no terceiro de boa-fé que, acreditando nos cadastros, formalizou negócio jurídico; no modelo francês, apesar de ser obrigatória, a inscrição não gera o efeito de presunção de exatidão do conteúdo, pois, sendo nulo o título, será nulo o registro.

O registro imobiliário alemão adota o cadastro real, e o centro do sistema gira em torno do imóvel, enquanto o cadastro francês adota o fólio pessoal como núcleo organizacional. No Brasil, foi criado um sistema misto: desde o Código Civil de 1916, foi adotado o sistema de presunção de veracidade relativa, podendo o registro ser retificado caso exista prova contrária. Com a Lei n. 13.097/2015, foi incluído o princípio da concentração dos atos na matrícula, que pode significar o encaminhamento para incorporação da presunção absoluta de validade do registro, pelo menos em face do terceiro de boa-fé. Além disso, após a entrada em vigor da Lei n. 6.015/1973, modificou-se o sistema do fólio pessoal (francês) para o sistema do fólio real (alemão), no qual o imóvel é o centro do sistema de registro.

Questões para revisão

1) Sobre as características do sistema de registro alemão, assinale a alternativa correta:
   a. Sua principal característica é a organização do sistema por meio do sistema pessoal e cronológico.

b. O sistema alemão acolhe a territorialidade, o fólio real e o efeito constitutivo da inscrição em relação ao direito real contido no instrumento.

c. São comuns ao sistema brasileiro e ao alemão os princípios da inscrição, da instância, da continuidade, da legalidade, da fé pública, da especialidade e da prioridade.

d. O sistema alemão é um sistema forte, caracterizado pela publicidade irrestrita.

2) Tendo em mente o sistema francês de registro, assinale a alternativa **incorreta**:

a. O sistema francês acolhe o fólio pessoal para a organização dos cadastros, sendo obrigatória, atualmente, a inscrição de todos os títulos para que estes possam gerar efeitos em relação a terceiros.

b. Nesse sistema não há qualificação registral. O funcionário não faz análise jurídica do título e, por conta disso, o registro do instrumento não gera presunção de exatidão do conteúdo.

c. Formalizado um negócio jurídico real, estaria transformado o direito real independentemente do registro. A inscrição não garante a estabilidade e a segurança porque, em caso de nulidade do título causal, a aquisição seria nula.

d. Em virtude das características do registro predial francês, não há acolhimento do princípio da presunção e da inscrição, por isso a usucapião é largamente utilizada como forma de regularização dominial.

3) Sobre o registro imobiliário brasileiro, assinale a alternativa correta:

a. Até a edição do Código Civil de 1916, o Brasil adotava o sistema francês, em especial pela ausência de obrigatoriedade registral, pela ausência de presunção de domínio e pela utilização do fólio real.

b. Nosso sistema adotou a clássica fórmula romana do título causal do modo de aquisição: a necessidade de instrumento que gera direitos reais e a tradição substituída pela inscrição do título no ofício registral, gerando direitos obrigacionais.

c. A aquisição do direito real somente se dá com a inscrição do título no cadastro imobiliário em todos os casos, sem exceção de nenhum título, presumindo-se, para todos os efeitos, detentor do direito aquele que consta na matrícula.

d. A publicidade registral no Brasil não é plena, podendo somente aquele que mostrar interesse pedir certidões.

4) Quais são as características do sistema registral alemão?

5) Quais são as principais características do registro imobiliário brasileiro?

Questões para reflexão

1) Por que o sistema brasileiro não adotou, em sua integralidade, a presunção absoluta de veracidade do registro de imóveis no modelo dito *constitutivo*?

2) A aquisição de um direito real por um não proprietário é válida? Explique.

Para saber mais

Para quem deseja se aprofundar no estudo dos modelos de registro examinados neste capítulo, sugerimos a consulta das seguintes obras:

JARDIM, M. O sistema registral germânico. In: DIP, R.; JACOMINO, S. (Org.). **Direito registral**. 2. ed. São Paulo: Revista dos Tribunais, 2013. p. 423-452. v. 1. (Coleção Doutrinas Essenciais).

JARDIM, M. O sistema registral francês. In: DIP, R.; JACOMINO, S. (Org.). **Direito registral**. 2. ed. São Paulo: Revista dos Tribunais, 2013, p. 453-510. v. 1. (Coleção Doutrinas Essenciais).

III

Princípios do direito registral imobiliário

Conteúdos do capítulo:

- » Princípio da inscrição.
- » Princípio da presunção e da fé pública.
- » Princípio da prioridade.
- » Princípio da especialidade.
- » Princípio da continuidade.
- » Outros princípios.

Após o estudo deste capítulo, você será capaz de:

1. compreender a função de cada um dos princípios fundamentais do registro imobiliário;
2. entender como a adoção de determinado sistema de registro impacta a incidência dos princípios;
3. identificar como funciona, na prática, cada um dos princípios.

Há diversos autores* que apontam a existência de inúmeros princípios: o da instância, o da segurança jurídica, o da autonomia do registrador, o da unitariedade, o da continuidade, o da legalidade (ou legitimidade), o da centralização local, o da concentração, entre outros.

Para as finalidades desta obra, importa examinar a fundo somente os princípios que, por sua importância, impactam a atividade registral. Ao final do capítulo, abordaremos em conjunto, em linhas gerais, os demais princípios.

3.1 Princípio da inscrição

O princípio da inscrição está ligado umbilicalmente à própria essência do registro de imóveis. Ele expressa que a constituição, a transmissão e a extinção de qualquer direito real somente se opera por intermédio da inscrição do título na tábua registral. Isso significa que a mutação jurídico-real somente ocorrerá quando o negócio jurídico, formalizado por intermédio de instrumento público ou particular, for inscrito perante o ofício imobiliário competente.

Os assentos registrais realizados no século XII, entre os anos de 1135 e 1142, em Colônia já admitiam a existência desse princípio (Balbino Filho, 2012, p. 67). Por volta dessa época, eram utilizadas, para a inscrição dos negócios imobiliários, folhas arquivadoras (*Schreinkarten*) para a criação de livros arquivadores (*Schreinbucher*). Tal inscrição, que se constituía em protocolo, visava atestar o negócio jurídico, realizado perante o juiz da comunidade. Logo depois esse documento era submetido à **autoridade arquivadora**, a qual, examinando os pressupostos da aquisição do direito real,

---

* Balbino Filho (2012), Carvalho (1998), Augusto (2013b), Melo Filho (2013), entre outros.

conferia a **certidão comprobatória** da relação jurídica (Balbino Filho, 2012, p. 75). Tratava-se de acordo público de vontades, que dispensava a existência de testemunhas pelo fato de sua celebração ser realizada diante da presença de um juiz da comunidade e de ter sido arquivado no órgão registrador.

Isso porque, a partir do momento de lavratura do negócio jurídico real imobiliário, a relação assumia a característica *erga omnes*, devendo ser por todos respeitada e transbordando o limite *inter partes*. Essa publicidade a terceiros somente podia ser levada a cabo por intermédio da inscrição do instrumento perante o registro de imóveis.

Segundo Afrânio de Carvalho (1998), esse princípio é uma versão atualizada do modelo romano dos negócios jurídicos imobiliários. Havia a necessidade da existência do título e da tradição, sendo que tradição sem título ou título sem tradição não operava a constituição, a modificação ou a extinção do direito real. Eram necessários os dois requisitos, razão pela qual, por exemplo, os contratos garantidos por hipoteca não eram possíveis naquele tempo, uma vez que, nesse caso, não há tradição do bem para o credor hipotecário, mas somente título.

Ainda há obrigatoriedade de existência de um título, independentemente de qual seja o instrumento público ou particular representativo da vontade das partes, mas agora está aliada à inscrição do título perante o ofício registral, podendo ser considerada por alguns como forma de tradição solene. A inscrição pode ser definida como todo assento realizado no livro de registro imobiliário. Segundo Afrânio de Carvalho (1998), o registro assegura os **direitos inscritos**, não os fatos enunciados na inscrição. Fazem parte dos direitos as condições e as cláusulas do negócio jurídico avençado.

Esse princípio gera **dois efeitos**: o **constitutivo**, ou seja, de fazer surgir o direito ou sua oneração, e o **declarativo**, pelo qual se declara a constituição anterior de fato jurídico perfeito pretérito ao registro. O primeiro adere ao ato de inscrição por determinação legal, enquanto o segundo se dá por exclusão.

Podemos citar como exemplo do efeito constitutivo a inscrição de uma escritura de compra e venda de imóvel. Isso porque, segundo o art. 1.245 do Código Civil (Brasil, 2002), somente é adquirida a propriedade de um imóvel pelo registro do título perante o ofício competente.

Confirmando a incidência desse princípio no direito brasileiro, assim já decidiu o Superior Tribunal de Justiça (STJ):

> DIREITOS REAIS. INEXISTÊNCIA DE REGISTRO. ENFITEUSE NÃO CONSTITUÍDA. USUCAPIÃO EXTRAORDINÁRIO. POSSIBILIDADE.
> 1. O art. 1.227 do Código Civil combinado com o art. 172 da Lei N. 6.015/1973 preconizam o efeito constitutivo do registro em relação a direitos reais sobre imóveis, estabelecendo o princípio da "inscrição", segundo o qual a constituição, transmissão e extinção de direitos reais sobre imóveis só se operam mediante inscrição no respectivo Cartório de Registro Imobiliário.
> 2. *A mera convenção entre as partes não é condição suficiente a ensejar a constituição da enfiteuse, fazendo-se mister a efetivação de um ato formal de ingresso do título no registro imobiliário, o qual poderia ensejar o verdadeiro óbice à aquisição originária da propriedade pelo "enfiteuta", e que inexiste na situação vertente.*
> 3. *Recurso especial provido*. (Brasil, 2014d, grifo nosso)

Já no caso do efeito declarativo, temos a inscrição do formal de partilha, ou escritura pública de inventário e partilha, em atenção ao princípio da *saisine** e em razão da existência do direito de cada um dos herdeiros ao quinhão hereditário relativo à universalidade de bens do espólio. Também podemos citar como exemplo a inscrição de acessões** ou da usucapião.

A **inscrição declarativa** é dividida em duas partes: integrativa e preventiva. A **integrativa** objetiva complementar os dados da cadeia de propriedade do bem (como no caso de transferência por sucessão *causa mortis*) ou aqueles relativos à complementação da descrição do imóvel, como a retificação de qualquer característica do imóvel, a numeração, a construção ou a demolição (Lei n. 6.015/1973, art. 213). Já a **preventiva** está fadada a se tornar definitiva ou ser cancelada. Esse tipo de inscrição se presta para identificar riscos relacionados aos direitos inscritos na matrícula, tendo como finalidade essencial alertar terceiros sobre tais situações que colocam em risco eventual direito inscrito na matrícula. Podemos citar como exemplos a inscrição de citação em ação executiva (CPC***, art. 799, IX), a hipoteca judiciária (CPC, art. 495), a condição suspensiva em negócio jurídico, a penhora, o arresto, o sequestro, a indisponibilidade de bens (Lei n. 5.172/1966, art. 185-A; Provimento n. 39/2014 do Conselho

---

* O princípio da *saisine* deriva do direito francês e significa que, no momento do falecimento da pessoa, a herança, ou seja, a universalidade de direitos e deveres do falecido, é transferida imediatamente para seus herdeiros. Esse princípio foi positivado no art. 1.784 do Código Civil. Esta é uma exceção ao princípio da aquisição pelo registro, uma vez que o registro do formal de partilha apresenta somente efeito declaratório.

** Acessão é uma forma de aquisição da propriedade de um imóvel por meio de situações naturais (formação de ilhas, aluvião, avulsão, abandono do alvéolo) ou por atuação do homem, como no caso das construções ou de plantação, nos termos do art. 1.248 e seguintes do Código Civil.

*** Código de Processo Civil – Lei n. 13.105, de 16 de março de 2015 (Brasil, 2015d).

Nacional de Justiça) e citação em ações reais e reipersecutórias (CPC, art. 792, I; Lei n. 6.015/1973, art. 167, I, 25).

A inscrição de tais atos na matrícula do imóvel não impede a transferência do direito real (exceção feita à indisponibilidade de bens); serve somente para deixar pré-constituída a prova da má-fé do adquirente (CPC, art. 792; CC*, art. 158), sendo obrigação do exequente realizar inscrição da demanda executiva na tábua imobiliária correspondente. Ainda é de se destacar que, para a configuração de fraude à execução, faz-se necessário o registro na matrícula do imóvel da pendência de ação real ou reipersecutória**.

Em razão de sua transitoriedade, podemos afirmar que as inscrições preventivas não se confundem com outros tipos de inscrições provisórias, tais como a averbação do contrato de locação para garantir a continuidade do negócio jurídico após alienação ocorrida dentro do prazo contratual (Lei n. 8.245/1991, art. 8º). Isso porque as inscrições preventivas têm caráter declaratório e as inscrições provisórias têm natureza constitutiva do direito que se busca resguardar.

A Lei n. 6.015, de 31 de dezembro de 1973 (Brasil, 1973c), em seu art. 169, determina a obrigatoriedade da inscrição de todos os atos previstos no art. 167, registráveis ou averbáveis (art. 167, I e II). No caso das **inscrições constitutivas**, constatamos que a sanção pela ausência da inscrição acaba por não transferir o direito ao adquirente, conforme previsão explícita do art. 1.245 do Código Civil. Nos casos das **inscrições declarativas**, a penalidade pela ausência da formalidade da inscrição consiste na suspensão do exercício do direito.

---

* Código Civil – Lei n. 10.406, de 10 de janeiro de 2002 (Brasil, 2002).

** **Ações reais** são aquelas envolvendo direitos reais, previstos no art. 1.225 do Código Civil, como, por exemplo, uma ação de usucapião. **Ações reipersecutórias** são ações que tratam de situações conexas aos direitos reais, tais como ações anulatórias de registro, que têm por objetivo retomar o direito real ameaçado.

A inscrição deve se dar de forma narrativa, limitando-se às **declarações essenciais** do título (Lei n. 6.015/1973, art. 231, I), bem como deve se dar no lugar da situação do imóvel e em livro próprio do registro. É importante ressaltar que, se houver desmembramento territorial da circunscrição imobiliária, não é necessário novo registro – somente em caso de ocorrer qualquer mutação jurídica cuja inscrição seja obrigatória.

Não há fixação de prazo para que a parte realize a inscrição. Porém, tendo em vista os efeitos decorrentes da inscrição – para as constitutivas, a criação do direito e, para as declarativas, a possibilidade de seu exercício –, a experiência mostra o interesse de se efetuar a inscrição o mais breve possível. Isso ocorre porque, entre a lavratura do título e seu registro, um segundo documento poderá ser apresentado antes daquele, e este último será registrado. Podemos citar como exemplo duas escrituras de compra e venda do mesmo imóvel: a primeira que for apresentada gerará efeitos translativos de propriedade (Lei n. 6.015/1973, art. 191), de acordo com o princípio da prioridade, que será tratado a seguir neste livro.

> *As inscrições preventivas têm caráter declaratório e as inscrições provisórias têm natureza constitutiva do direito que se busca resguardar.*

No caso de o título não ter sido inscrito e ocorrer a morte ou a incapacitação de uma das partes, surge um aparente problema. No caso de morte, alguns apontam uma contradição entre o parágrafo 1º do art. 1.245 e o art. 1.784 do Código Civil, o que levaria a uma aparente impossibilidade de registro de um negócio jurídico realizado pelo falecido. Tal problema é solucionado na prática, pois é possível fazer constar da escritura um requerimento ou uma autorização das partes para que o negócio jurídico seja levado a registro, afastando-se qualquer impossibilidade de inscrição.

Entretanto, uma ressalva quanto à incapacidade financeira (insolvência civil ou falência) é necessária. A Lei de Recuperação Judicial e Falências – Lei n. 11.101, de 9 de fevereiro de 2005 (Brasil, 2005a), em seu art. 129, inciso VII, impede o registro extemporâneo de direito real e de transferência de imóvel *inter vivos*, após a decretação da falência. Essa previsão se amolda àquela do revogado art. 52, inciso VII, do Decreto-Lei n. 7.661, de 21 de junho de 1945 (Brasil, 1945), embora tanto o promissário-comprador quanto o comprador estivessem assegurados pela Súmula n. 84 do STJ, que afirma: "É admissível a oposição de embargos de terceiro fundados em alegação de posse advinda do compromisso de compra e venda de imóvel, ainda que desprovido do registro" (Brasil, 1993).

Assim, a inscrição do negócio jurídico estará condicionada a sua prenotação anterior ao período da decretação da falência, se já houver sido prenotado antes do termo inicial. O mesmo se dá no caso da insolvência civil, que ainda está regulada pelo art. 748 do Código de Processo Civil de 1973.

Qualquer pessoa pode fazer a inscrição do título, ou seja, isso não está limitado aos interessados (Lei n. 6.015/1973, art. 217). A data da inscrição é a data da apresentação do título (art. 231, I).

Por fim, é necessária a análise da inscrição de títulos de cancelamento. O cancelamento não corresponde à exclusão, à rasura ou ao desaparecimento da inscrição que se pretende cancelar, pelo contrário (Carvalho, 1998): o cancelamento se limita a declarar que o direito inscrito deixou de existir, gerando uma nova inscrição somente para consignar que a averbação ou o registro anterior foram cancelados. Podemos citar como exemplo a extinção da hipoteca (CC, art. 1.500), a baixa da penhora pela arrematação, a baixa de um arresto, a baixa da existência de ação executiva contra o proprietário do imóvel e a baixa de cláusula resolutiva.

3.2 Princípios da presunção e da fé pública

Os princípios da presunção e da fé pública decorrem da função primordial dos registros públicos, ou seja, a publicidade, e têm por finalidade dar segurança aos negócios jurídicos imobiliários. Na doutrina, não raro aparecem como se fossem um só princípio (Melo Filho, 2013, p. 72; Carvalho, 1998, p. 161; Balbino Filho, 2012, p. 207), embora não se confundam. Sobre isso, Afrânio de Carvalho (1998, p. 161) afirma:

> *Ao verdadeiro proprietário e a quantos dele hajam obtido direitos reais limitados importa que não se realize nenhuma mudança jurídico-real sobre o imóvel sem a sua vontade; ao adquirente importa que a aquisição feita não frustre por motivos que ele ignora. [...] Como compor estes interesses, se cada um dos quais exclui necessariamente o outro?*

De acordo com Marcelo Terra (2013), estamos diante das garantias da **segurança jurídica** (presunção de exatidão, que protege o proprietário) e da **segurança do comércio** (fé pública, que protege terceiros adquirentes). Nesse sentido, o princípio da presunção "prioriza a segurança jurídica estática (do proprietário lesado em aquisição *a non domino*)", enquanto o da fé pública "prioriza a segurança jurídica dinâmica (do adquirente de boa-fé igualmente lesado)", nas palavras de Vicente de Abreu Amadei (2014, p. 49). Esta é a tensão existente entre esses princípios, a qual subsiste até os dias atuais.

O **princípio da presunção** encontrava eco já no Código Civil de 1916, que o positivou de forma direta em seu art. 859: "Presume-se pertencer o direito real à pessoa em cujo nome se inscreveu, ou transcreveu" (Brasil, 1917). A adoção desse princípio reforça a eficácia da inscrição, em seu sentido lato, como forma única e específica de aquisição de direitos reais, dando segurança jurídica ao proprietário que inscreveu seu direito real no ofício imobiliário, de modo a comprovar seu domínio sobre o bem.

A opção legislativa brasileira adveio da transposição quase que literal do correspondente princípio alemão, conforme se depreende do parágrafo 891 do Código Civil alemão (*Bürgerliches Gesetzbuch*): "Quando um direito se inscreve em favor de alguém, presume-se que este direito lhe pertence" (Balbino Filho, 2012, p. 210).

Anteriormente, o princípio da presunção não era acolhido pelo direito pátrio (Decreto n. 169-A/1890, art. 8º, § 4º*), pois a transcrição do título, apesar de obrigatória para gerar efeitos *erga omnes*, não induzia a prova de domínio, porque tinha apenas efeito declaratório e não constitutivo, acolhendo o postulado do direito francês.

Apesar de a adoção de tal princípio ser um avanço para o direito registral imobiliário, ele foi mitigado por prova contrária, pois se trata de presunção *iuris tantum*, ou seja, relativa, contrária ao seu correspondente alemão (Carvalho, 1998; Augusto, 2013b, p. 242). Essa redução foi positivada no art. 860 do Código Civil de 1916 e pôs à disposição do prejudicado a retificação para que, modificando a inscrição, a realidade fática encontrasse correspondência na tábua registral.

Portanto, o princípio é utilizado como baliza para fins de distribuição do ônus probatório (Carvalho, 1998; Miranda, 1983): ao detentor do direito real inscrito bastaria a juntada da certidão do registro de imóveis para que se pudessem ajuizar as ações competentes

---

* "Art. 8º A transmissão inter vivos por título oneroso ou gratuito dos bens suscetíveis de hipotecas (art. 2º, § 1º), assim como a instituição dos onus reaes (art. 6º), não operam seus efeitos a respeito de terceiro, senão pela transcrição, e desde a data dela. [...] § 4º **A transcrição não induz a prova do domínio, que fica salvo a quem for.** [...]" (Brasil, 1895a, grifo nosso).

(reivindicatória, despejo, execução hipotecária etc.). Caberia à contraparte o ônus de comprovar o defeito na inscrição ou no título, sob pena de validade da inscrição, conforme reiterado entendimento jurisprudencial*. A Lei n. 6.015/1973 dispõe o mesmo em seu art. 252, apontando que, enquanto não houver declaração de anulação, extinção, rescisão ou distrato, o registro continua a produzir todos os seus efeitos legais.

O legislador no Código Civil de 2002 manteve a escolha pela presunção relativa, conforme verificamos no art. 1.247, deixando entreaberta a porta para que o detentor de direito real que se sentir prejudicado busque a retificação ou anulação do registro. Tal retificação pode se dar de forma extrajudicial, sendo corrigidos os equívocos nos dados constantes da inscrição (nome, estado civil, profissão, residência, número de documentos, regime de bens, medidas e descrição do lote, entre outros), conforme previsão do art. 213 da Lei n. 6.015/1973. Além disso, a retificação pode se dar de forma judicial, pela via da anulação da inscrição por falhas formais ou materiais. A retificação pode se dar até mesmo *ex officio*, naqueles casos disciplinados no mencionado artigo.

Já a situação do **princípio da fé pública** é diferente. Ramón María Roca Sastre (citado por Balbino Filho, 2012, p. 207) assim o conceitua: "O princípio da fé pública registral ou da publicidade material constitui o meio decisivo de proteger as aquisições de caráter oneroso, realizadas por terceiros de boa-fé, que hajam confiado nos teores do registro".

---

* É importante citar o entendimento reforçado pelo julgado do STJ: "No Direito brasileiro, ao contrário de outros países, tanto o Código Civil de 1916 como o de 2002 adotaram o sistema de presunção relativa ou iuris tantum, segundo o qual a transcrição do título no Registro Imobiliário assegura o domínio, mas admite elisão por meio de prova em contrário" (Brasil, 2012b).

O Código Civil de 1916, o de 2002 e a Lei de Registros Públicos, ao deixarem de acolher a disposição do parágrafo 892 do Código Civil alemão*, não mencionaram o princípio da fé pública. Mesmo sem a positivação de tal princípio, após a edição do Código Civil de 1916, um acirrado debate doutrinário tomou corpo, visando à interpretação do art. 859 do mencionado código (Terra, 2013, p. 304).

Os representativos da controvérsia eram: Lysippo Garcia, de um lado, apontando que a lei havia acolhido o princípio da fé pública, pondo a salvo os direitos de terceiros da aquisição *a non domino* que, confiando nas informações obtidas no cadastro, realizaram negócios jurídicos; de outro, Soriano Neto, o qual sustentava que a inscrição do negócio jurídico viciado não constitui legitimação formal – seja em relação às partes, seja em relação a terceiros de boa ou má-fé –, não acolhendo a existência desse princípio na legislação. A controvérsia doutrinária subsiste até os dias de hoje**.

O Supremo Tribunal Federal (STF), no Recurso Especial n. 85.223/MG (de relatoria do Ministro Soares Munhoz, julgado em 9 de outubro de 1979), decidiu que o direito brasileiro **não** havia acolhido o princípio da fé pública, somente o da presunção. O argumento manifestado pelo relator foi no sentido de que nosso sistema registral, ao contrário do sistema alemão, que teria reconhecido o princípio da presunção da exatidão do registro e o da proteção da confiança nas informações contidas no ofício imobiliário, somente reconheceu o princípio da presunção, mitigado especialmente por

---

* "Reputa-se exato o teor do registro fundiário a favor daquele que adquire, por ato jurídico, um direito sobre um imóvel ou um direito sobre um tal direito, a menos que esteja inscrita uma contradita contra a exatidão ou seja conhecida do adquirente a inexatidão" (Carvalho, 1998, p. 175).

** Em defesa da existência da positivação da fé pública, encontra-se, entre outros, Marcelo Terra (2013, p. 330) e, no sentido contrário, entre outros, Nicolau Balbino Filho (2012, p. 218).

conta da redação do art. 859 do Código Civil de 1916, pois tal presunção poderia ser ilidida por prova em contrário (Brasil, 1979c).

Apesar disso, existem posições recentes que acolhem a existência do princípio da fé pública, como a posição tomada no Recurso Especial n. 988.505/DF, de relatoria da Ministra Nancy Andrighi (Brasil, 2008d). Nesse caso, utilizando o art. 252 da Lei de Registros Públicos e o art. 1.245, parágrafo 2º, do Código Civil, a relatora construiu o argumento de que a existência de ação com o objetivo de invalidar o registro não é apta para afastar a presunção de validade do registro imobiliário e sua fé pública, pois somente após a declaração de nulidade, por meio de sentença eficaz, é que o registro poderia ser considerado cancelado.

O princípio da fé pública visa à proteção da coletividade nas transmissões dos direitos reais, pois, confiando que a realidade fática está fielmente representada nos cadastros imobiliários, os cidadãos estão livres para realizar quaisquer negócios jurídicos. Porém, a realidade dos negócios jurídicos imobiliários é outra. Isso porque o art. 159 do Código Civil vigente aponta que, caso exista insolvência notória ou motivo para conhecimento do adquirente, os negócios jurídicos poderão ser anulados. Além disso, o art. 792 do Código de Processo Civil aponta que é fraude à execução a alienação de bens do devedor, caso esteja tramitando demanda capaz de reduzi-lo à insolvência.

Com vistas a dar segurança às aquisições, de modo a proteger terceiros de boa-fé, bem como os credores dos alienantes, foi criada a exigência de apresentação das certidões fiscais, dos feitos ajuizados e dos ônus reais, nos termos da Lei n. 7.433, de 18 de dezembro de 1985 (Brasil, 1985), regulamentada pelo Decreto n. 93.240, de 9 de setembro de 1986 (Brasil, 1986). Portanto, além da certidão da matrícula, da certidão de ônus reais e de certidões negativas fiscais, o adquirente deveria buscar, na comarca do imóvel, na comarca onde reside o alienante e em outras comarcas onde o proprietário exercesse duas atividades econômicas, as certidões de feitos ajuizados, por vezes vintenárias, visando acautelar-se da existência de ações que poderiam reduzir o vendedor à insolvência.

Tal situação traz inúmeras dificuldades e também insegurança ao trânsito imobiliário. Em razão disso e para afastar a necessidade das certidões de feitos ajuizados, foi editada a Lei n. 13.097, de 19 de janeiro de 2015 (Brasil, 2015c), que tratou da concentração dos atos na matrícula, nos arts. 54 a 62, e modificou o parágrafo 2º da Lei n. 7.433/1985. Tais dispositivos buscaram adotar a concentração dos atos na matrícula, no sentido de que todos os atos processuais propensos a impedir a fruição de alguma faculdade da propriedade imobiliária devem ser averbados na matrícula do imóvel, tendo em vista garantir publicidade *erga omnes* a tais situações, assim protegendo o adquirente de boa-fé (art. 54, parágrafo único).

Sobre a concentração dos atos na matrícula, Marcelo Terra (2013, p. 326), citando lição do desembargador Décio Antônio Erpen, sustenta que "todos os atos ou fatos vinculados a determinado objeto deveriam ser dados a conhecimento no mesmo órgão, com isso se evitando deslocamento das partes para diversos órgãos publicitários, quando tudo deveria convergir para uma única repartição". Quanto a isso, importa anotar que o art. 61 da Lei n. 13.097/2015 aponta que os atos jurídicos anteriores à edição da norma devem a ela se adequar em até dois anos, contados de sua vigência (20 de fevereiro de 2015). Por conta da edição de tal norma, a partir de sua eficácia integral (dois anos a contar da vigência), não mais existiria a obrigatoriedade legal de buscar as certidões de feitos ajuizados para aquisição. O parágrafo único do art. 54 é claro em estabelecer:

> Art. 54 [...]
> [...]
> Parágrafo único. Não poderão ser opostas situações jurídicas não constantes da matrícula no Registro de Imóveis, inclusive para fins de evicção, ao terceiro de boa-fé que adquirir ou receber em garantia direitos reais sobre o imóvel, ressalvados o disposto nos art. 129 e art. 130 da Lei n. 11.101, de 9 de fevereiro de 2005, e as hipóteses de aquisição e extinção da propriedade que independam de registro de título de imóvel. (Brasil, 2015c)

Para alguns, tal dispositivo revela a adoção do princípio da fé pública no direito brasileiro (Kern, 2015; Souza, 2015). A questão, contudo, não se encerra por aqui. O Código de Processo Civil de 2015, com vigência a partir de 18 de março de 2016, manteve a normativa acerca da fraude à execução. Nesse sentido, é possível que exista demanda de cobrança que poderia levar o alienante à insolvência, mas que não se enquadra nas hipóteses de averbação na matrícula previstas nos incisos do art. 54 da Lei n. 13.097/2015 e restaria, portanto, desconhecida do adquirente de boa-fé.

É bem verdade que a inscrição preventiva de restrições ao direito de disposição do bem já vinha sendo objeto da jurisprudência do STJ, motivo pelo qual essa corte editou a Súmula n. 375 em 30 de março de 2009: "O reconhecimento da fraude à execução depende do registro da penhora do bem alienado ou da prova de má-fé do terceiro adquirente" (Brasil, 2009b).

Foi até mesmo firmado precedente no Recurso Especial n. 956.943/PR, cujo relator para o acórdão foi o ministro João Otávio de Noronha, julgado em 20 de agosto de 2014 (Brasil, 2014c), reiterando a jurisprudência do STJ de que não é possível inverter a presunção da boa-fé quando o gravame não estiver registrado na matrícula do imóvel, lançando o ônus probatório de comprovar que agiu de forma escorreita ao adquirente. Positivando esse entendimento, o art. 844 do Código de Processo Civil determina que é dever do credor a inscrição do arresto e da penhora, visando dar presunção absoluta de conhecimento para terceiros.

Portanto, o cenário atual não nos permite atestar sem sombra de dúvida a positivação e a aplicabilidade do princípio da fé pública. É certo que, cada vez mais, o sistema jurídico busca resguardar os interesses de terceiros que, confiando nas informações existentes na tábua registral, fazem negócios jurídicos.

3.3 Princípio da prioridade

O princípio da prioridade advém da máxima latina *"Prior in tempore, potior in jure"* ("O primeiro no tempo é o mais poderoso no direito"), conforme Balbino Filho (2012, p. 224). Em outras palavras, a força dos direitos está intrinsecamente relacionada a sua precedência em relação a outros.

A existência desse princípio visa assegurar aos contratantes a inexistência de contradição e a segurança na aquisição e na fruição dos direitos reais. Nas palavras de Afrânio de Carvalho (1998, p. 181): "Graças ao princípio de prioridade, os direitos inscritos no registro ganham estabilidade e segurança, liberando-se dos riscos da contradição".

Vários direitos reais, limitados ou não, poderão recair sobre um mesmo imóvel – entre outros, propriedade, hipoteca, servidão, penhor, usufruto. Tais direitos serão classificados na matrícula imobiliária de acordo com sua graduação, a qual será atribuída de acordo com a anterioridade da inscrição no ofício de imóveis.

> O princípio atua de forma diferenciada no caso de **direitos compatíveis** ou **incompatíveis** entre si. Em caso de direitos que podem conviver mutuamente – por exemplo, duas hipotecas –, a regra é da graduação entre eles, de acordo com o ingresso anterior do título. No caso de direitos incompatíveis, como é o caso do direito de propriedade, esse princípio determina a manutenção do direito que primeiro se inscreve, excluindo-se da tábua registral o direito com ele colidente. Segundo Afrânio de Carvalho (1998, p. 182), "Pode-se dizer, pois, que a prioridade é exclusiva, quando os direitos são incompatíveis, e gradual, quando compatíveis".

Para o primeiro caso (direitos compatíveis), podemos citar como exemplo a existência de duas hipotecas firmadas pelo proprietário dominial: segundo o Código Civil vigente, a primeira que for levada a registro será graduada como de primeiro grau e terá prevalência em face do direito creditório da hipoteca em segundo grau. Já no caso de incompatibilidade de direitos, podemos citar a existência de dois negócios jurídicos nos quais o proprietário vendeu a diferentes pessoas a propriedade do imóvel. O primeiro adquirente que ingressar no fólio real terá acolhido seu direito, enquanto o segundo título será excluído.

O STJ já decidiu isso exatamente no sentido de que o primeiro ato a ser registrado, conforme podemos consultar no Recurso Especial n. 954.861/RJ (Brasil, 2008c) e no Recurso em Mandado de Segurança n. 11.508/RS (Brasil, 2000), seja em casos de alteração da titularidade (cessão/compra e venda), seja em casos de inscrição acautelatória (penhoras, por exemplo).

No caso das hipotecas, a regra está prevista no art. 1.493 do Código Civil (parágrafo único). A abrangência da norma civil, apesar de tratar especialmente daquele negócio jurídico, é considerada a regra geral do princípio da prioridade (Carvalho, 1998, p. 182). Tal norma geral está prevista no citado art. 186 da Lei n. 6.015/1973: "O número de ordem determinará a prioridade do título, e esta a preferência dos direitos reais, ainda que apresentados pela mesma pessoa mais de um título simultaneamente" (Brasil, 1973c).

A cada título apresentado será dado um número de ordem, inscrito no Livro 1 – Protocolo, de acordo com a sequência de sua apresentação. Em caso de qualificação positiva do título, este ingressará no cadastro imobiliário. Se houver prenotação – em outras palavras, notas de exigências a serem cumpridas pelo interessado – e esta for cumprida nos 30 dias de sua vigência (Lei n. 6.015/1973, art. 205), ou ainda se o juiz julgar improcedentes os motivos da recusa do registrador em realizar a inscrição do título, em processo de dúvida, a data do registro retroagirá à data da prenotação, nos termos do art. 1.496 do Código Civil.

Vale dizer que o princípio assegura a prioridade de acordo com a apresentação do título negocial, não se relacionando com a data de lavratura do instrumento, que é a data de nascimento do direito obrigacional, e não dos direitos reais (Carvalho, 1998, p. 183). Nesse sentido, a Lei de Registros Públicos, em seu art. 190, determina a impossibilidade de se efetuar o registro de direitos contraditórios no mesmo imóvel. Essa regra, que já era uma previsão do art. 836 do Código Civil de 1916 e foi repetida no Código Civil de 2002, no art. 1.494, em relação às hipotecas, foi estendida para todos os direitos reais contraditórios entre si. Importa ressaltar que não se trata de proibição de recebimento e lançamento do Livro Protocolo, mas de proceder ao registro no mesmo dia.

Para dirimir a situação, o art. 191 prevê que, em caso de apresentação de dois títulos no mesmo dia que contenham direitos contraditórios entre si, aquele que tiver o menor número de ordem no Livro Protocolo – ou seja, tiver sido apresentado antes – terá a prevalência, sendo o outro título registrado no próximo dia útil subsequente

(Ceneviva, 1991, p. 335). Um exemplo disso seria a apresentação de dois mandados de penhora recepcionados no mesmo dia, mas em horários diferentes: aquele ao qual foi conferido o menor número de ordem será registrado em primeiro lugar, e o segundo será registrado no próximo dia útil. Caso os títulos sejam apresentados pelo mesmo interessado, este deverá determinar a ordem de preferência, de acordo com seu interesse (Balbino Filho, 2012, p. 226).

Quanto às **exceções**, vale destacar o conflito entre escrituras públicas que, sendo lavradas na mesma data e apresentadas no mesmo dia, mencionarem a hora de sua lavratura (mesmo que isso conste em apenas uma delas). A Lei de Registros Públicos, em seu art. 192, determina que aquela que mencionar o horário – ou aquela que tiver sido lavrada em primeiro lugar, de acordo com o horário – prevalecerá, ainda que tenha o menor número de ordem (Ceneviva, 1991, p. 336).

Outra exceção se dá no registro de hipotecas, no caso de ser apresentada uma cédula hipotecária que, em seu corpo, faça menção específica à existência de hipoteca anterior, cuja cédula primitiva ainda não tenha sido registrada. O art. 1.495 do Código Civil determina que a hipoteca ulterior será prenotada e ficará sobrestada, pelo prazo de 30 dias, para que a cédula pretérita seja registrada. Se for registrada, a prioridade garante a prevalência da hipoteca anterior. Não sendo registrada, a nova hipoteca obterá preferência em face daquela não inscrita.

Os créditos tributários e trabalhistas, igualmente, terão prioridade em face de outros direitos já inscritos no título. Essa é a determinação do art. 186 do Código Tributário Nacional (Melo Filho, 2013, p. 79).

Logo, o princípio da prioridade assegura a ordem de preferência do ingresso dos títulos no Ofício Imobiliário, garantindo a segurança jurídica, a organização e a eficácia na constituição, modificação ou extinção dos direitos reais.

3.4 Princípio da especialidade

O princípio da especialidade é caracterizado como "a individuação que se lança no registro, inerente ao bem objeto do direito real sobre o qual recai o negócio jurídico, indicando-se o valor pecuniário em moeda nacional, o prazo, a qualificação das partes e a taxa de juros, se houver" (Balbino Filho, 2012, p. 228). Em suma, é a individualização mais precisa possível do bem, das partes e do negócio jurídico em tela.

Esse princípio se encontra positivado no art. 176, parágrafo 1º, inciso II, da Lei de Registros Públicos. Essa norma determina que: i) se o imóvel for rural, deverá constar o código do imóvel, os dados constantes do Certificado de Cadastro de Imóvel Rural (CCIR) junto à Receita Federal, a denominação e suas características, confrontações, localização e área; ii) se for urbano, deverão constar suas características (planta, lote e quadra) e confrontações, localização, área, logradouro, número, designação cadastral (junto ao município), se o imóvel fica do lado par ou do lado ímpar do logradouro e a que distância métrica está da edificação ou da esquina mais próxima. Em vista disso, somente é permitido um imóvel por matrícula, diferentemente do que acontecia com as transcrições existentes no regime anterior à Lei n. 6.015/1973.

> *O intuito do legislador é identificar, de forma clara e precisa, sem deixar espaço para dúvidas, qual é o objeto daquele direito real.*

Complementando a norma supracitada, o art. 225 da mesma lei determina que é obrigação de notários, juízes e escrivães fazer constar nas escrituras e nos atos judiciais (cartas de adjudicação, formais de partilha, auto de arrematações, entre outros), com precisão, todas as características dos imóveis, inclusive mencionando os nomes dos confrontantes, se os imóveis ficam do lado par ou do lado ímpar do logradouro, em que quadra e a que distância métrica da edificação ou da esquina mais próxima estão tais imóveis.

O intuito do legislador é identificar, de forma clara e precisa, sem deixar espaço para dúvidas, qual é o objeto daquele direito real. Nas palavras de Afrânio de Carvalho (1998, p. 206): "Assim, o requisito registral da especialização do imóvel, vertido no fraseado clássico do direito, significa a sua descrição como corpo certo, a sua representação escrita como individualidade autônoma, com seu modo de ser físico, que o torna inconfundível e, portanto, heterogêneo em relação a qualquer outro".

Apresentamos a seguir, como exemplo, a descrição de um lote de terreno urbano em que se atende ao princípio da especialidade.

> Lote de terreno foreiro 4-B-1-A, oriundo da subdivisão do lote 4-B-1, medindo 13,00m de frente para a Rua A, localizado do lado direito ou par da referida rua, situado a 27,00 m (vinte e sete metros) para com a esquina da Rua B; do lado direito de quem da rua olha o imóvel mede 35,00 m (trinta e cinco metros), onde confronta com o lote de indicação fiscal n. 18-002-001.000-9; do lado esquerdo de quem da rua olha o imóvel mede 35,00 m (trinta e quatro metros), onde confronta com o lote de indicação fiscal n. 18-002-004.000-5; na linha de fundos mede 13,00 m (treze metros), onde confronta com o lote de indicação fiscal n. 18-002-044.000-9. Área total de 455,00 m² (quatrocentos e cinquenta e cinco metros quadrados), com numeração predial n. 334 (trezentos e trinta e quatro) e Indicação Fiscal do Município n. 18-001-034.000-9. Contém uma casa de alvenaria, com 226,37 m² (duzentos e vinte e seis metros quadrados e trinta e sete centímetros). Feito pela Transcrição n. 1212, livro 3-D de transcrição das transmissões, do Cartório de Registro de Imóveis da Circunscrição desta Comarca.

O exemplo a seguir refere-se à descrição de um lote de terreno rural, em atenção ao mencionado princípio.

> Um lote de terras rural, sem benfeitorias, mede 24 (vinte e quatro) alqueires paulistas e 12.900 metros quadrados, iguais a 59,37 hectares, dentro do seguinte roteiro: "Partindo do marco 5-C, situado no ponto de encontro das terras de A e B, segue no rumo n.7°15'W, com extensão de 138,49 metros, até o marco 5-D, confrontando com terras dos irmãos C; deflete-se no rumo S84°20'E, com extensão de 4.515 metros, até o marco 6-C, situado na margem direita do Rio A, confrontando com terras de E; desce o marco 5-D até o rio na altura do marco 6-C; acompanhando o rio abaixo, chega-se ao marco 6-B, tendo como divisa o Rio A, entre as alturas dos marcos 6-C e 6-D; deixando o Rio, segue-se no rumo N.84°6'20"W, com extensão de 3.490 metros, até o marco 5-C, ponto de partida, confrontando com os adquirentes desde o rio, na altura do marco 6-B, até o marco 5-C e que atualmente encontra-se dentro das seguintes confrontações: Pela frente com A; pelos fundos com o Córrego A; pelo lado esquerdo com A e pelo lado direito com D. Adquirido pela matrícula n. 1.833 do Oficial de Registro de Imóveis. Dito imóvel acha-se cadastrado no INCRA, sob n.123.456.789.100-0, área total 407,8000 ha – mod. Rural 27,2229 ha – n. mod. Rurais 14,98 – mod. fiscal 30,0000 ha – n. mod. fiscais 13,5900 – fração min. parc. 2,0000 ha, localizado no Bairro A, município, com a denominação de *Fazenda H*, conforme Certificado de Cadastro de Imóvel Rural – CCIR 2016".

Além da determinação específica da Lei n. 6.015/1973, constatamos que os Códigos de Normas da Corregedoria Geral de Justiça de cada um dos estados-membros disciplinam de forma mais pormenorizada a necessidade de cumprimento da especialidade objetiva, ou seja, aquela relativa à descrição do imóvel, traçando determinações tanto aos notários que lavrarão as escrituras como aos registradores.

A regra geral é que devem constar as seguintes informações do lote: quadra, planta, bairro, rua de frente do imóvel, distância da esquina mais próxima, medidas perimetrais, área total, confrontações e número fiscal, se o imóvel for urbano; se for rural, as coordenadas de localização, confrontações, cadastro fiscal, cadastro no Incra e denominação da área (o que consta em todos os Códigos de Normas). Podemos citar como exemplos o art. 59 do Código de Normas do Tribunal de Justiça de São Paulo; o art. 242, inciso VI, item "a", do Código de Normas do Rio de Janeiro; o art. 255 do Código de Normas dos Serviços Notariais e Registrais do Acre; e o art. 911 do Código de Normas de Pernambuco.

Todavia, existem algumas normas que se aprofundam na exigência, como é o caso das de Pernambuco, que determinam que é necessário a constar CEP, descrição dos cômodos e divisão interna da construção.

Em contrapartida, o Código de Normas do Distrito Federal aponta que "consideram-se cumpridas as exigências do art. 225 da Lei n. 6.015/1973, se mencionados o número do registro ou da matrícula no ofício imobiliário, sua localização, o logradouro, o número, o bairro, a cidade e o estado" (Brasília, 2013), não impondo outras determinações relativas à descrição do imóvel. O mesmo define o Código de Normas da Corregedoria Geral de Justiça do Mato Grosso do Sul, em seu art. 855 (Mato Grosso do Sul, 2016).

Tais determinações são extensíveis a todos os títulos a serem inscritos na tábua registral – particulares (contrato de alienação fiduciária em garantia, por exemplo), públicos e mesmo judiciais –, sob pena de terem sua inscrição negada no fólio real.

Apesar das determinações contidas na Lei de Registros Públicos, o Código Civil de 2002, em seu art. 500, parágrafo 3°, reiterou a redação prevista no Código Civil de 1916, em seu art. 1.136, sobre a possibilidade de realização de venda de imóveis na modalidade *ad corpus*, ou seja, venda identificada como coisa certa e determinada na qual as medidas e as dimensões seriam apenas enunciativas. A sistemática registral e o princípio em estudo são vulnerados por essa determinação do Código Civil (Carvalho, 1998, p. 207; Melo Filho, 2013, p. 81).

Em casos de divisão do imóvel (desmembramento, loteamento) ou de fusão de imóveis contíguos (unificação), novamente se faz necessário o cumprimento do princípio da especialidade (Carvalho, 1998, p. 214). Nesses casos, o proprietário deverá respeitar os limites da Lei de Parcelamento do Solo Urbano – Lei n. 6.766, de 19 de dezembro de 1979 (Brasil, 1979b), e do Estatuto da Terra – Lei n. 4.504, de 30 de novembro de 1964 (Brasil, 1964b), bem como as leis municipais de zoneamento, sendo que um imóvel dará origem a outros com descrições diversas daquele primitivo. No caso de unificação, que só é permitida para imóveis confinantes e de mesmo proprietário, dois ou mais imóveis darão origem a outro, unificado, com descrição diversa dos primitivos (Melo Filho, 2013, p. 82). Portanto, como houve uma modificação (divisão ou fusão), há necessidade de adequar a descrição do bem para que este corresponda o mais fielmente possível à realidade.

Da mesma forma que a Lei n. 6.015/1973 determina a necessidade de cumprimento do princípio da especialidade no que se refere ao objeto do direito real (imóvel), também é obrigatória a correta identificação do detentor do direito real que será inscrito na tábua registral, ou seja, trazendo a mais completa qualificação (nome, nacionalidade, estado civil, profissão, RG, CPF e domicílio). A mesma exigência é feita para os caracteres do negócio jurídico a ser inscrito, devendo constar no título as condições, os valores do negócio, o pagamento, a quitação, as cláusulas especiais, a taxa de juros, entre outros (Balbino Filho, 2012, p. 231).

Em razão disso, a Lei de Registros Públicos viabiliza ao proprietário dominial o procedimento de retificação da descrição do imóvel ou de qualquer imprecisão na qualificação das partes e mesmo do título. Esse procedimento será posteriormente abordado nesta obra.

3.5 Princípio da continuidade

A função do registro de imóveis é dar segurança às mutações jurídico-reais, impedindo transmissão de direitos por quem não é seu titular. Dessa necessidade se originou o princípio da continuidade. Seu conceito é assim formulado: "em relação a cada imóvel, adequadamente individuado, deve existir uma cadeia de titularidade à vista da qual só se fará a inscrição de um direito se o outorgante dele aparecer no registro como seu titular" (Carvalho, 1998, p. 253).

> O princípio advém do aforismo *"Nemo dat quod non habet"*, ou seja, "Ninguém pode transferir o domínio de uma coisa se não for o verdadeiro dono dela" (Balbino Filho, 2012, p. 240). Tal preceito é também denominado *princípio da inscrição prévia do prejudicado* (no direito alemão), *efeito relativo da publicidade* (no direito francês) e, ainda, *princípio do trato contínuo* ou *sucessivo* (Carvalho, 1998, p. 253; Balbino Filho, 2012, p. 237). No Brasil, inicialmente se adotou o nome de *registro do título anterior*, atualmente denominado *princípio da continuidade*.

A razão de ser dos ofícios públicos é a publicidade e a garantia de segurança ao tráfico dos negócios jurídicos reais. O registro deve, necessariamente, buscar que as inscrições reflitam da melhor forma possível a **realidade jurídica**, impedindo a aquisição de um direito de quem não é seu titular (Carvalho, 1998, p. 254). Esse princípio se liga diretamente ao **princípio da inscrição**, ao disciplinar que todas as mutações jurídico-reais estejam registradas e averbadas para que gerem efeitos.

A Lei de 1864 não previa a existência desse princípio, já que sequer acolhia o princípio da presunção, pois, mesmo que o título fosse inscrito, não existia a presunção de titularidade do detentor daquele direito. Quando o Código Civil de 1916 (art. 676) determinou o registro de todos os títulos como condição de nascimento do direito real, acolhendo o princípio da inscrição, lançou-se a fundação para o encadeamento sucessório dos direitos reais e, logo, para o surgimento do princípio da continuidade (Carvalho, 1998, p. 257).

Com a entrada em vigor do Decreto n. 18.542, de 24 de dezembro de 1928 (Brasil, 1929), positivou-se esse princípio no art. 206, posteriormente repetido pelo art. 214 do Decreto n. 4.857, de 9 de novembro de 1939 (Brasil, 1939), e acolhido pelo art. 195 da Lei n. 6.015/1973, que assim estabelece em seu art. 195: "Se o imóvel não estiver matriculado ou registrado em nome do outorgante, o oficial exigirá a prévia matrícula e o registro do título anterior, qualquer que seja a sua natureza, para manter a continuidade do registro" (Brasil 1973c).

Em outras palavras, não será aceita a inscrição de título cujo outorgante não detenha a inscrição prévia do direito que busca transmitir. Como exemplifica Álvaro Melo Filho (2013, p. 89):

> *B compra um imóvel que pertencia a A, e, logo em seguida, o vende a C. Nestas hipóteses as partes interessadas, por questão de economia quanto ao pagamento dos impostos e taxas imobiliárias e despesas cartoriais, tendem a registrar apenas a última operação, ou seja, a transmissão da propriedade de B para C, sem qualquer intervenção de A em nome do qual se acha registrado o imóvel. Verifica-se, no entanto, que pelo princípio da continuidade, nenhum registros pode ser efetuado sem o prévio registro do título anterior, obrigando-se às*

partes interessadas, in casu, A, B e C, a registrarem as respectivas transferências.

Além da necessidade de registro do direito de propriedade, deve-se proceder da mesma forma quando da cessão de crédito decorrente de hipotecas, dos direitos relativos à alienação fiduciária, de extinção do usufruto, de venda da nuapropriedade, de cessão de direitos hereditários, enfim, de toda e qualquer modificação na titularidade dos direitos reais, de forma a gerar um encadeamento perpétuo e organizado, evitando-se a criação de lacunas na cadeia de titularidades (Carvalho, 1998, p. 253-254).

Além disso, as próprias alterações decorrentes das relações jurídicas do proprietário – tais como casamento, divórcio, falecimento e modificações no regime de bens dos cônjuges – devem constar na matrícula. O mesmo ocorre com modificações relativas à própria descrição do imóvel que não alterem as medidas ou as confrontações e estejam submetidas ao procedimento de retificação, tais como numeração predial, alteração do nome do logradouro, alteração do número de cadastro no município, a existência de construções e a ocorrência de demolições (Carvalho, 1998, p. 264-265).

Em casos de desmembramento da competência das circunscrições imobiliárias, a Lei de Registros Públicos, em seu art. 229, determina a necessidade de apresentação da certidão atualizada da matrícula expedida pela circunscrição à qual estava afetado o imóvel, para que fossem inscritos novos títulos, mantendo-se inclusive os ônus anteriores dela constantes, de modo a assegurar a precisão da cadeia dos direitos reais já inscritos.

> *O princípio da continuidade é de extrema importância, principalmente para que se possa encadear o patrimônio dos eventuais interessados dos direitos inscritíveis, preservando a conjunção realidade fática com realidade jurídica, existente no fólio real*

Assim, é possível afirmar que o princípio da continuidade é de extrema importância, principalmente para que se possa encadear o patrimônio dos eventuais interessados dos direitos inscritíveis, preservando-se a conjunção entre a realidade fática e a realidade jurídica, existente no fólio real. Nesse sentido, podemos analisar as decisões transcritas na sequência.

> RECURSO ESPECIAL. CIVIL. DESPESAS CONDOMINIAIS. PROMISSÁRIO COMPRADOR. AÇÃO DE COBRANÇA. COMPROMISSO DE COMPRA E VENDA. PENHORA DOS DIREITOS. POSSIBILIDADE. CONSTRIÇÃO. IMÓVEL GERADOR DA DÍVIDA. INADMISSIBILIDADE. PRINCÍPIO DA CONTINUIDADE. 1. Cinge-se a controvérsia a saber se, não tendo o proprietário do bem figurado na ação de cobrança de cotas condominiais, mas tão somente o promissário comprador, é possível, em execução, a penhora do próprio imóvel que gerou a dívida ou apenas a constrição sobre os direitos aquisitivos decorrentes do compromisso de compra e venda. 2. Ajuizada a ação contra o promissário comprador, este responde com todo o seu patrimônio pessoal, o qual não inclui o imóvel que deu origem ao débito condominial, haja vista integrar o patrimônio do promitente vendedor, titular do direito de propriedade, cabendo tão somente a penhora do direito à aquisição da propriedade. 3. **A penhora da unidade condominial em execução não pode ser autorizada em prejuízo de quem não tenha sido parte na ação de cobrança na qual se formou o título executivo. Necessária a vinculação entre o polo passivo da ação de conhecimento e o polo passivo da ação de execução. 4. Pelo princípio da continuidade registrária (arts. 195 e 237 da Lei n. 6.216/1975), a transferência de direito sobre o imóvel depende de que este preexista no**

> patrimônio do transferente, o que, no caso, torna inviável a penhora do próprio imóvel em virtude da ausência de título anterior em nome dos executados. 5. Recurso especial não provido. (Brasil, 2015e, grifo nosso)

No caso supracitado, o promissário comprador foi réu em uma ação de cobrança de taxas condominiais do imóvel ao qual se referia a promessa de compra e venda. O condomínio credor tentou penhora da unidade objeto do débito, mas tal pedido não foi concedido, pois o imóvel não era de propriedade do promitente comprador e inscrever a penhora significaria violar o princípio da continuidade.

> RECURSO DE APELAÇÃO. DÚVIDA SUSCITADA PELO CARTÓRIO DO 9º OFÍCIO DE REGISTRO DE IMÓVEIS. REQUERIMENTO DE REGISTRO DE CARTA DE ARREMATAÇÃO. **CREDOR FIDUCIÁRIO QUE CONSOLIDOU A PROPRIEDADE EM 25/07/2012. NÃO CUMPRIMENTO DO CONTRATO DE ALIENAÇÃO FIDUCIÁRIA. IMÓVEL REGISTRADO EM NOME DE PESSOA DIVERSA DO EXECUTADO. IMPOSSIBILIDADE DE REGISTRO. OBSERVÂNCIA AOS PRINCÍPIOS DA CONTINUIDADE E DISPONIBILIDADE REGISTRAL.** EXIGÊNCIA DE APRESENTAÇÃO PELO INTERESSADO DE CERTIDÃO DE CASAMENTO, COMPROVANDO O REGIME DE BENS, E, NA EVENTUALIDADE DE CELEBRAÇÃO DE PACTO NUPCIAL, SUA RESPECTIVA AVERBAÇÃO. INÉRCIA DA PARTE. VIOLAÇÃO DO PRINCÍPIO DA ESPECIALIDADE SUBJETIVA. SENTENÇA DE PROCEDÊNCIA QUE SE MANTÉM. SEGURANÇA JURÍDICA QUE SE VISA PRESERVAR. RECURSO AO QUAL SE NEGA PROVIMENTO. (Rio de Janeiro, 2016e, grifo nosso)

> APELAÇÃO. Dúvida registral. Pedido de registro de escritura de compra e venda, bem como de formal de partilha. **Lapsos e lacunas que enevoam a cadeia registral. Aplicação inarredável dos princípios da continuidade, da disponibilidade e da segurança jurídica, regentes da atividade registral. Imprescindibilidade de apresentação do formal de partilha da falecida esposa de um dos promitentes vendedores. Omissão de dois supostos proprietários de parte do imóvel nos títulos apresentados.** Irrelevante a apresentação de formal de partilha por parte dos promitentes compradores referente ao divórcio, tanto que posterior à celebração do negócio jurídico. Recurso voluntário a que se nega provimento. (Rio de Janeiro, 2016a, grifo nosso)

Nesses dois casos, temos decisões em procedimentos de dúvida também abordando o princípio da continuidade. Na primeira situação, restou decidido que não era possível o registro de uma carta de arrematação, pois o executado no processo era diverso do proprietário constante do registro. Já no segundo caso, houve tentativa de registro de formal de partilha e escritura de compra e venda sem que se tenha observado o correto encadeamento dos diversos proprietários.

Além disso, é importante ressaltar que, no caso do Código de Normas do Paraná (art. 515, § 2º), existe previsão específica acerca da necessidade de efetuar o registro das cessões de direitos hereditários, mas tão somente dos formais de partilha na qual se formalizava a venda (Paraná, 2013).

Todavia, poderiam existir diversas cessões posteriores à primitiva, de forma a quebrar o princípio da continuidade registral. O argumento é que tal título não está previsto no rol do art. 167 da Lei de Registros Públicos. Entretanto, tal procedimento é previsto no Código de Normas do Paraná, nos termos do art. supracitado*.

Ao contrário do Tribunal de Paraná, os Tribunais de Justiça do Rio de Janeiro e de São Paulo já decidiram, em sede de procedimento de dúvida, a impossibilidade de registro de escrituras de cessão de direitos hereditários, conforme podemos observar nas ementas a seguir.

> REEXAME NECESSÁRIO. PROCEDIMENTO DE DÚVIDA. Requerimento de Registro de Escritura de Cessão de Direitos Sucessórios. Sentença que julgou procedente a dúvida. Impossibilidade de registro da escritura de cessão de direitos hereditários lavrada sem prévia autorização do juiz da sucessão no fólio real, ante a ausência de previsão no rol taxativo do art. 167 da Lei de Registros Públicos. Imóvel que, ademais, sequer se encontra individualizado, o que vulnera o Princípio da Especialidade Objetiva. Exigência formulada pelo oficial registrador que se encontra em consonância com o Princípio da Legalidade, expresso no art. 408. XIII da CNCGJRJ, na parte extrajudicial. Sentença de procedência da dúvida mantida, em sede de Reexame Necessário. (Rio de Janeiro, 2016c)

---

* Se a partilha contemplar cessionário de direito hereditário ou adquirente de meação, o título dará ensejo a tantos registros quantos forem necessários para a fiel observância do princípio da continuidade registral, estando o registro ainda sujeito à apresentação de certidões negativas em relação aos cedentes e da prova da quitação dos tributos devidos pela transmissão *inter vivos* (gratuita ou onerosa), incluindo o Fundo de Reequipamento do Poder Judiciário (Funrejus).

> Reclamação – Registro de Imóveis – Cobrança de emolumentos para registro de escritura pública de inventário e partilha – Registro feito em desconformidade com o título – Registro, ainda, de cessão de direitos hereditários – Impossibilidade – Cobrança indevida caracterizada – Ausência de má-fé, dolo ou erro grosseiro – Determinação de devolução simples, corrigida monetariamente desde o desembolso, bem como de cancelamento do registro da cessão de direitos hereditários e de retificação do registro da partilha – Recurso provido em parte. (São Paulo, 2013b)

É importante observarmos que o Conselho Superior da Magistratura do Tribunal de Justiça de São Paulo fixou entendimento de que os direitos hereditários não são passíveis de inscrição, por isso a impossibilidade de registro da escritura de cessão de direitos hereditários, conforme decisão proferida na Apelação Cível 6.861-0, julgada em 13 de abril de 1987, cujo relator foi o Desembargador Sylvio do Amaral.

Outra situação que igualmente poderia vir a macular o trato sucessivo seria a realização de partilhas *per saltum*. Sobre isso, admoesta Gabriel Fernando do Amaral (2014, p. 140):

> *Em todos os casos, o lapso temporal entre a morte e a formalização da adjudicação ou partilha abre margem para a prática de atos, ou ocorrência de fatos, ambos com poder de influir sobre o patrimônio adquirido na sucessão primeira. [...] No registro imobiliário, ao desaviso de uma tradição sem fundamento legal, muitas vezes praticava-se um só ato que cumulava transmissões a títulos distintos sequer mencionados.*

É exatamente por isso que os tribunais têm determinado o registro de todas as transferências decorrentes do direito de *saisine*, previsto no art. 1.784 do Código Civil: para encadear todas as fases de transferência entre os herdeiros.

3.6 Demais princípios

Outro princípio que pode ser extraído da Lei de Registros Públicos é o **princípio da segurança jurídica**, previsto no art. 1º da mencionada norma. Esse preceito é a própria matriz do sistema registral (Serra; Serra, 2016, p. 140), que visa garantir a segurança e a estabilidade das relações jurídicas, fortalecendo a economia fundada na concessão de crédito com garantia imobiliária. Ainda de acordo com Serra e Serra (2016, p. 140), o princípio pode ser dividido em **dinâmico** e **estático**. O primeiro é incidente na modificação e na alteração dos direitos inscritos, preservando ao interessado todas as garantias decorrentes da inscrição. Já na segunda faceta fica patente a "garantia assegurada pela estabilidade dos direitos reais" (Serra; Serra, 2016, p. 140).

Já a **legalidade** como **princípio registral** indica que somente podem ingressar no cadastro registral os direitos reais definidos na legislação, na Lei de Registros Públicos e em legislação esparsa – como a Lei n. 9.514, de 20 de novembro de 1997 (Brasil, 1997) –, sendo que esses direitos devem estar representados por títulos válidos. Nesse sentido, os direitos registráveis são *numerus clausus*, ou seja, são taxativamente fixados pela lei. Além disso, quando da entrada do título no ofício imobiliário, o registrador faz uma análise da validade e da legalidade do negócio jurídico apresentado, chamada de *qualificação registral*, a qual será examinada a seguir; se estiver em confronto com a legislação, poderá ter negada sua inscrição.

> *A legalidade como princípio registral indica que somente poderão ingressar no cadastro registral os direitos reais definidos na legislação, na Lei de Registros Públicos e em legislação esparsa*

Destacamos também o **princípio da rogação** ou **da instância**, o qual compreende que o registrador imobiliário deve ficar em uma posição passiva quanto à realização dos atos de inscrição, pois somente deverá proceder ao registro ou à averbação dos títulos conforme apresentados pelas partes interessadas (Serra; Serra, 2016, p. 149).

Nesse sentido, o registrador deverá aguardar a provocação da parte interessada mediante a apresentação do título para prenotação e, somente depois disso, poderá proceder a análise do instrumento, qualificando-o ou desqualificando-o. Mesmo que tenha conhecimento de modificações relativas aos direitos reais, ele somente poderá proceder quando provocado pela parte. Existem exceções a esse princípio que estão expressamente previstas em lei, como é o caso das retificações de ofício indicadas no inciso I do art. 213 da Lei de Registros Públicos, por exemplo.

Por fim, podemos citar o **princípio da concentração**. Nesse sentido, a "ideia da matrícula foi concebida como sendo o cadastro do imóvel no qual devem se concentrar todos os direitos reais e atos a eles relativos que digam respeito ao imóvel cadastrado" (Serra; Serra, 2016, p. 166). Esse princípio está ligado à segurança jurídica, pois alude à ideia de que todos os atos ligados ao imóvel devem ser inscritos na matrícula, como a averbação da existência de ação executiva (CPC, art. 799, IX), de registro da penhora (Lei n. 6.015/1973, art. 844; CPC, art. 167, I, 5), a ocorrência do óbito do proprietário ou a averbação do divórcio. Com relação a esse princípio, a jurisprudência vem, cada vez mais, reforçando sua incidência e sua aplicação. Um exemplo disso é a edição da Súmula n. 375 do STJ (Brasil, 2009b), que fixou a necessidade de registro da penhora para reconhecimento de fraude à execução. Além disso, após a edição da Lei n. 13.097/2015, o parágrafo único do art. 54 positivou que situações jurídicas que não estiverem inscritas na matrícula não poderão ser opostas ao adquirente de boa-fé, consagrando o analisado princípio.

Síntese

Neste capítulo, analisamos o conceito e a função de cada um dos princípios ligados ao direito registral imobiliário, principalmente o princípio da inscrição, o qual, juntamente com o princípio da presunção, formam a coluna central do sistema jurídico brasileiro. Isso porque a imperatividade da inscrição e a presunção de veracidade, mesmo que relativa, da constituição, modificação ou extinção dos direitos reais constantes da matrícula permitem que o tráfego desses direitos se dê de forma segura. Além disso, há direitos que, por não constarem no rol exaustivo do art. 167 da Lei de Registros Públicos, ainda são privados de acesso ao fólio real e podem vir a causar certa fragilidade ao princípio da continuidade.

Os princípios da prioridade, da especialidade e da continuidade apontam para soluções de situações mais práticas do direito registral. Também destacamos a necessidade de atentar para o princípio da concentração dos atos na matrícula, valiosa inovação que pode ser objeto de vários questionamentos judiciais.

Apesar da entrada em vigor do princípio de concentração em sua integralidade (conforme art. 61 da Lei n. 13.097/2015), que afasta a necessidade de mencionar na escritura pública as certidões de feitos ajuizados em nome dos vendedores, a prática imobiliária ainda é, no sentido de pedir as certidões, a principal responsável pela manutenção da regra de fraude contra credores, existente no Código de Processo Civil de 2015. Isso sem mencionar que alguns juízos ainda são resistentes à ideia da lei. Por isso, a aplicabilidade desse princípio ainda é tímida.

Questões para revisão

1) Quanto ao princípio da inscrição, assinale a alternativa **incorreta**:
   a. É obrigatória a existência de um título aliada à sua inscrição perante o ofício registral, para que ocorra a modificação, a transferência ou a aquisição de um direito real.
   b. Sobre esse princípio incorrem dois efeitos: o constitutivo e o declarativo.
   c. A inscrição declarativa preventiva necessariamente se tornará definitiva, ou deverá ser cancelada, e tem a função de identificar riscos relacionados aos direitos inscritos na matrícula.
   d. A inscrição deve ser integral e completa, devendo o registrador transcrever a integralidade do título apresentado para registro.

2) Sobre os princípios atinentes ao registro de imóveis, assinale a alternativa **incorreta**:
   a. O princípio da presunção, apesar de vigente em nosso sistema registral, pode ser mitigado por prova em contrário, pois se trata de uma presunção *iuris tantum*, ou seja, relativa.
   b. Por conta da edição da Lei n. 13.097/2015, foi adotado o princípio da concentração nos autos na matrícula e, consequentemente, o princípio da fé pública e da presunção absoluta de validade das inscrições do registro de imóveis.
   c. O princípio da prioridade significa que o primeiro no tempo é o mais poderoso no direito, ou seja, a força dos direitos está relacionada a sua precedência em relação a outro no registro imobiliário.

d. O princípio da especialidade é a individualização mais precisa possível do bem, das partes e do negócio jurídico em tela no título que se busca inscrever.

3) Sobre os princípios atinentes ao registro de imóveis, assinale a alternativa **incorreta**:

   a. O princípio da continuidade é também denominado *princípio da inscrição prévia do prejudicado, efeito relativo da publicidade, princípio do trato contínuo ou sucessivo* ou *registro do título anterior*.

   b. O princípio da segurança jurídica é a própria matriz do sistema registral e pode ser dividido em dinâmico e estático.

   c. O princípio da legalidade aponta que somente poderão ingressar no cadastro registral os direitos reais definidos na legislação e, caso não exista previsão legal, a inscrição poderá ser negada.

   d. O princípio da rogação ou da instância compreende que o registrador imobiliário deve ficar em uma posição passiva quanto à realização dos atos de inscrição e não comporta nenhuma exceção.

4) Relacione o princípio da presunção com a adesão parcial do sistema brasileiro ao modelo alemão.

5) Com base no princípio da prioridade, como é possível saber qual título será registrado, se dois foram apresentados no mesmo dia?

Questões para reflexão

1) Relacione os princípios da presunção, da fé pública e da concentração dos atos na matrícula, analisando criticamente o instituto da fraude à execução no Código de Processo Civil de 2015.

2) Analise a incidência dos princípios da continuidade e da especialidade nos títulos judiciais.

Para saber mais

Para quem deseja se aprofundar no estudo dos princípios do direito registral imobiliário, sugerimos a consulta das seguintes obras:
TERRA, M. A fé pública registral. In: DIP, R.; JACOMINO, S. (Org.).
    Direito registral. 2. ed. São Paulo: Revista dos Tribunais, 2013.
    p. 301-332. v. 1. (Coleção Doutrinas Essenciais).
MELO FILHO, A. Princípios do direito imobiliário. In: DIP, R.;
    JACOMINO, S. (Org.). **Direito registral**. 2. ed. São Paulo: Revista
    dos Tribunais, 2013. p. 65-100. v. 2. (Coleção Doutrinas Essenciais).
CARVALHO, A. de. **Registro de imóveis**: comentários ao sistema
    de registro em face da Lei nº 6.015 de 1973 com as alterações
    da Lei nº 6.216 de 1975, Lei nº 8.009 de 1990 e Lei nº 8.935
    de 18.11.1994. 4. ed. Rio de Janeiro: Forense, 1998.

IV

Atribuições do registrador imobiliário

Conteúdos do capítulo:

» Atividades do registrador de acordo com a Lei n. 6.015/1973.
» Os delineamentos da Constituição de 1988 e o registrador.
» Atividades de acordo com a Lei dos Notários e Registradores (Lei n. 8.935/1994).
» Previsão dos códigos de normas.

Após o estudo deste capítulo, você será capaz de:

1. entender os atos dos registradores;
2. compreender sua função e suas atividades de acordo com a legislação;
3. entender o papel subsidiário dos códigos de normas.

Conforme apontam Décio Antonio Erpen e João Pedro Lamana Paiva (2013, p. 151), o registrador imobiliário é um profissional concursado do direito (embora sua remuneração se dê pelo sistema privado), cujos atos são fiscalizados pelo Poder Judiciário, que se pauta na lei reguladora das atividades de registro – Lei n. 8.935, de 18 de novembro de 1994 (Brasil, 1994b). No Brasil, o sistema registral é descentralizado, visto que há um número expressivo de registros de imóveis espalhados pelo país.

Contudo, a situação nem sempre foi assim. A Lei n. 317, de 21 de outubro de 1843 (Brasil, 1867), que regulou a inscrição das hipotecas, apontou que tal registro seria realizado de forma provisória pelo tabelião, designado como *oficial* pelo Decreto n. 3.453, de 27 de abril de1865 (Brasil, 1865), para se distinguir dos demais membros dessa classe. Ele era nomeado pelo Poder Executivo, não obstante estar subordinado ao juiz e ser um serventuário da Justiça, exercendo seu ofício de acordo com a antiguidade em cartórios privativos ou vitalícios (Carvalho, 1998, p. 428).

O Decreto n. 4.827, de 7 de fevereiro de 1924 (Brasil, 1925), fixou que os responsáveis pelo ofício imobiliário seriam os "oficiais privativos e vitalícios, providos no Distrito Federal, pelo Presidente da República, mediante concurso, e nos Estados, na forma estabelecida pelas respectivas leis de organização judiciária", conforme o art. 6º, *caput*, da mencionada norma.

> Até então, o entendimento era o de que os registradores e notários eram funcionários públicos, sendo que a conformação de suas atividades e atribuições era dada por lei federal e o detalhamento dos serviços era realizado pelas leis estaduais. Portanto, os registradores estavam sob a égide do Estatuto dos Funcionários Públicos Civis do Poder Executivo (Sant'Anna, 2013b, p. 800).

Esse entendimento foi fixado pelo Supremo Tribunal Federal (STF) na Representação n. 891/GB – Guanabara, conforme podemos observar na ementa a seguir parcialmente transcrita.

> OS OFÍCIOS DE JUSTIÇA E DE NOTAS SÃO ÓRGÃOS DA FÉ PÚBLICA INSTITUÍDOS PELO ESTADO. QUER NO FORO JUDICIAL, SEJA NO CHAMADO FORO EXTRAJUDICIAL, DESEMPENHAM FUNÇÃO EMINENTEMENTE PÚBLICA. OS SEUS TITULARES SITUAM-SE COMO SERVIDORES PÚBLICOS. AS CUSTAS CONCEITUADAS COMO ESPÉCIE DE TAXA, OU COM OUTRA QUALIFICAÇÃO NA ÓRBITA JURÍDICA, CONSTITUEM, SEMPRE, NÃO HÁ NEGAR, ESPECIAL RETRIBUIÇÃO DEVIDA AO ESTADO, EM RAZÃO DA PRESTAÇÃO DE SERVIÇO PÚBLICO. (Brasil, 1973d)

De acordo com Sant'Anna (2013b, p. 800), com a Constituição de 1967 e sua vultosa reforma de 1969, ocorreu a estatização de todas as serventias registrais e notariais, ficando ressalvada a situação dos atuais titulares (Brasil, 1967a). Os registradores seriam funcionários públicos, remunerados pelos cofres públicos, e a receita obtida com os emolumentos seria recolhida ao erário.

É nesse contexto que surge a Lei de Registros Públicos de 1973 – Lei n. 6.015, de 31 de dezembro de 1973 (Brasil, 1973c), no sentido de fixar as atribuições atuais dos registradores.

4.1 Lei de Registros Públicos – Lei n. 6.015/1973

Em seu art. 2º, o Ordenamento dos Registros Públicos fixou que os serviços registrais seriam exercidos por "serventuários privativos nomeados de acordo com o estabelecido na Lei de Organização Administrativa e Judiciária do Distrito Federal e dos Territórios e nas

Resoluções sobre a Divisão e Organização Judiciária dos Estados" (Brasil, 1973c). A Lei de 1973, nesse sentido, reiterou de forma geral a disposição do Decreto n. 4.827/1924, atribuindo aos Estados e ao Distrito Federal a regulamentação para a nomeação de tais cargos, mas deixando de lado as questões da vitaliciedade, da estatização, da natureza jurídica dos emolumentos e do cargo, das contribuições previdenciárias, da aposentadoria, entre outras relativas à forma de exercício da função.

A ausência de regulamentação contribuiu para a estadualização da regulamentação organizacional e mesmo das atribuições dos registradores. Para além da elaboração jurídico-administrativa, construiu-se uma gama sólida de decisões das Corregedorias Gerais de Justiça das cortes locais, provimentos, ordem de serviços e normas (Nalini, 2013, p. 259), os quais acabaram por nortear a atuação diária dos registradores e a assunção aos cargos. Existem diferenças relativas aos requisitos de descrição do imóvel, qualificação das partes, registro de determinados atos (como no caso da cessão de direitos hereditários citada no Código de Normas do Paraná, anteriormente visto, ou ainda da averbação ou registro de determinados atos, como é o caso de São Paulo, que entende que a penhora deve ser averbada, e não penhorada), recolhimento de taxas, número e exigência de livros além daqueles previstos na Lei de Registros Públicos, entre outras especificidades de cada uma das unidades da Federação.

> Em linhas gerais, a Lei de Registros Públicos fixou as **atribuições dos registradores imobiliários** de forma específica no art. 1º. Determinou que a função dos registradores seria conferir "autenticidade, segurança e eficácia dos atos jurídicos", correspondendo ao seu ofício essencial a tarefa de proceder à guarda fiel e permanente das mutações jurídico-reais sobre os imóveis

(Ceneviva, 1991, p. 283), conferindo publicidade e os efeitos dela decorrentes aos negócios jurídicos ali inscritos. E as normas estaduais se adaptaram a essa lei.

A novidade da Lei n. 6.015/1973 foi a já mencionada adoção da matrícula (fólio real) como núcleo central da organização cadastral do registro, atribuindo-se ao registrador a prática dos atos de registro e de averbação, conforme a previsão do art. 167 (Ceneviva, 2007, p. 120).

Para além da regulação da função geral e da adoção da matrícula como núcleo do sistema, a citada lei esmiuçou quais seriam os atos atribuíveis ao registrador e quais seriam os títulos passíveis de inscrição na tábua imobiliária. Tais instrumentos estão previstos em seu art. 221:

> Art. 221. Somente são admitidos registro:
> I – escrituras públicas, inclusive as lavradas em consulados brasileiros;
> II – escritos particulares autorizados em lei, assinados pelas partes e testemunhas, com as firmas reconhecidas, dispensado o reconhecimento quando se tratar de atos praticados por entidades vinculadas ao Sistema Financeiro da Habitação;
> III – atos autênticos de países estrangeiros, com força de instrumento público, legalizados e traduzidos na forma da lei, e registrados no cartório do Registro de Títulos e Documentos, assim como sentenças proferidas por tribunais estrangeiros após homologação pelo Supremo Tribunal Federal;
> IV – cartas de sentença, formais de partilha, certidões e mandados extraídos de autos de processo.
> V – contratos ou termos administrativos, assinados com a União, Estados, Municípios ou o Distrito Federal, no âmbito de programas de regularização fundiária e de programas habitacionais de interesse social, dispensado o reconhecimento de firma. [...] (Brasil, 1973c)

É importante observar que tão somente a esses títulos a lei faculta a entrada no ofício imobiliário, com a **exclusão de todos os outros**, tratando-se, portanto, de rol exaustivo (*numerus clausus*), de acordo com Ceneviva (1991, p. 389) e Augusto (2013b, p. 261).

Com relação ao instrumento, a regra do art. 107 do Código Civil é que a forma dos negócios jurídicos no Brasil é livre. Porém, visando reforçar a confiabilidade do sistema jurídico e evitar fraudes, o Código Civil exige contrato escrito e, quando tais direitos forem superiores a 30 salários mínimos nacionais, exige forma pública para a constituição, transferência, modificação ou renúncia deste, conforme o art. 108 (Augusto, 2013b, p. 261-263).

Os contratos relativos ao Sistema Financeiro de Habitação – Lei n. 4.380, de 21 de agosto de 1964 (Brasil, 1964a) –, que foram a principal forma de financiamento imobiliário até o final da década de 1990, são realizados por meio de instrumento particular sem o reconhecimento de firmas (art. 221, inciso II, visto anteriormente). Com o advento da Lei n. 9.514, de 20 de novembro de 1997 (Brasil, 1997), que criou o Sistema de Financiamento Imobiliário (SFI) e instituiu a alienação fiduciária do bem imóvel, foi também permitido o acesso à tabua registral de instrumentos particulares sem o reconhecimento das assinaturas (art. 23). Essa é a grande maioria dos títulos que adentram o fólio real na atualidade.

> Os **atos de atribuição** dos oficiais de registro são três: **registros** e **averbações**, na matrícula, e **anotações**, em outros livros.

Registro é, nas palavras de João Batista Galhardo (citado por Augusto, 2013b, p. 268), "o assento que tem por finalidade escriturar os atos translativos ou declaratórios da propriedade imóvel e os constitutivos de direitos reais". Já os títulos passivos de registro estão consignados no art. 167, inciso I, da Lei de Registros Públicos, *in verbis*:

Art. 167. No Registro de Imóveis, além da matrícula, serão feitos.

I – o registro:

1) da instituição de bem de família;
2) das hipotecas legais, judiciais e convencionais;
3) dos contratos de locação de prédios, nos quais tenha sido consignada cláusula de vigência no caso de alienação da coisa locada;
4) do penhor de máquinas e de aparelhos utilizados na indústria, instalados e em funcionamento, com os respectivos pertences ou sem eles;
5) das penhoras, arrestos e sequestros de imóveis;
6) das servidões em geral;
7) do usufruto e do uso sobre imóveis e da habitação, quando não resultarem do direito de família;
8) das rendas constituídas sobre imóveis ou a eles vinculadas por disposição de última vontade;
9) dos contratos de compromisso de compra e venda de cessão deste e de promessa de cessão, com ou sem cláusula de arrependimento, que tenham por objeto imóveis não loteados e cujo preço tenha sido pago no ato de sua celebração, ou deva sê-lo a prazo, de uma só vez ou em prestações;
10) da enfiteuse;
11) da anticrese;
12) das convenções antenupciais;
13) das cédulas de crédito rural;
14) das cédulas de crédito, industrial;
15) dos contratos de penhor rural;
16) dos empréstimos por obrigações ao portador ou debêntures, inclusive as conversíveis em ações;
17) das incorporações, instituições e convenções de condomínio;

18) dos contratos de promessa de venda, cessão ou promessa de cessão de unidades autônomas condominiais a que alude a Lei n. 4.591, de 16 de dezembro de 1964, quando a incorporação ou a instituição de condomínio se formalizar na vigência desta Lei;

19) dos loteamentos urbanos e rurais;

20) dos contratos de promessa de compra e venda de terrenos loteados em conformidade com o Decreto-lei n. 58, de 10 de dezembro de 1937, e respectiva cessão e promessa de cessão, quando o loteamento se formalizar na vigência desta Lei;

21) das citações de ações reais ou pessoais reipersecutórias, relativas a imóveis;

22) (Revogado pela Lei n. 6.850, de 1980)

23) dos julgados e atos jurídicos entre vivos que dividirem imóveis ou os demarcarem inclusive nos casos de incorporação que resultarem em constituição de condomínio e atribuírem uma ou mais unidades aos incorporadores;

24) das sentenças que nos inventários, arrolamentos e partilhas, adjudicarem bens de raiz em pagamento das dívidas da herança;

25) dos atos de entrega de legados de imóveis, dos formais de partilha e das sentenças de adjudicação em inventário ou arrolamento quando não houver partilha;

26) da arrematação e da adjudicação em hasta pública;

27) do dote;

28) das sentenças declaratórias de usucapião; (Redação dada pela Medida Provisória n. 2.220, de 2001)

29) da compra e venda pura e da condicional;

30) da permuta;

31) da dação em pagamento;

32) da transferência, de imóvel a sociedade, quando integrar quota social;

33) da doação entre vivos;

34) da desapropriação amigável e das sentenças que, em processo de desapropriação, fixarem o valor da indenização;

35) da alienação fiduciária em garantia de coisa imóvel. (Incluído pela Lei n. 9.514, de 1997)

36) da imissão provisória na posse, quando concedida à União, aos Estados, ao Distrito Federal, aos Municípios ou às suas entidades delegadas, e respectiva cessão e promessa de cessão;

37) dos termos administrativos ou das sentenças declaratórias da concessão de uso especial para fins de moradia;

38) (VETADO)

39) da constituição do direito de superfície de imóvel urbano;

40) do contrato de concessão de direito real de uso de imóvel público.

41) da legitimação de posse;

42) da conversão da legitimação de posse em propriedade, prevista no art. 60 da Lei no 11.977, de 7 de julho de 2009;

[...]. (Brasil, 1973c)

Esses são os 41 atos* passíveis de registro na matrícula imobiliária, que, segundo a doutrina majoritária, compõem um rol exaustivo (Augusto, 2013b, p. 268), embora haja autores que discordem disso (Ceneviva, 1991, p. 288). Essa nomenclatura de registro engloba as expressões *inscrição* e *transcrição*, contidas na legislação civil

---

* Lembramos que o de número 38 foi vetado; portanto, são 41 atos.

e esparsa (Lei n. 6.015/1973, art. 168), sendo tal unificação objeto de crítica pela doutrina (Carvalho, 1998, p. 11)*.

Outro ato atribuído ao registrador é a **averbação**, cuja função é lançar "alterações e extinções de alguma situação jurídica constante da matrícula. A averbação é 'ato acessório, tanto em relação à forma, quanto a sua substância, em face dos efeitos que deve produzir'" (Augusto, 2013b, p. 268).

A averbação se apresenta como um registro acessório, mas não menos importante, pois revela diversas situações que podem influenciar diretamente o direito real. Podemos citar como exemplos o cancelamento de uma penhora, a modificação de um regime de casamento, de um nome ou estado civil, entre outras alterações que afetam diretamente o princípio da especialidade.

O Ordenamento dos Registros Públicos prevê, no inciso II do art. 167, o rol das averbações:

> Art. 167. [...]
> [...]
> II – a averbação:
> 1) das convenções antenupciais e do regime de bens diversos do legal, nos registros referentes a imóveis ou a direitos reais pertencentes a qualquer dos cônjuges, inclusive os adquiridos posteriormente ao casamento;
> 2) por cancelamento, da extinção dos ônus e direitos reais;

---

* "Quanto à terminologia, não se sabe o que teria levado a Lei a obstinar-se em unificar os dois antigos termos 'inscrição' e 'transcrição', não em torno do primeiro, condizente com o sistema universalmente aceito e preconizado pela nossa doutrina, mas em torno de um terceiro, 'registro', que, por possuir significado mais amplo, traz confusão ao texto (art. 168). Restringindo esse significado a duas espécies de assentos, quando abrange todas, inclusive a averbação, abriu-se conflito com a lógica, com a linguagem e consigo mesmo" (Carvalho, 1998, p. 11).

3) dos contratos de promessa de compra e venda, das cessões e das promessas de cessão a que alude o Decreto-lei n. 58, de 10 de dezembro de 1937, quando o loteamento se tiver formalizado anteriormente à vigência desta Lei;
4) da mudança de denominação e de numeração dos prédios, da edificação, da reconstrução, da demolição, do desmembramento e do loteamento de imóveis;
5) da alteração do nome por casamento ou por desquite, ou, ainda, de outras circunstâncias que, de qualquer modo, tenham influência no registro ou nas pessoas nele interessadas;
6) dos atos pertinentes a unidades autônomas condominiais a que alude a Lei n. 4.591, de 16 de dezembro de 1964, quando a incorporação tiver sido formalizada anteriormente à vigência desta Lei;
7) das cédulas hipotecárias;
8) da caução e da cessão fiduciária de direitos relativos a imóveis;
9) das sentenças de separação de dote;
10) do restabelecimento da sociedade conjugal;
11) das cláusulas de inalienabilidade, impenhorabilidade e incomunicabilidade impostas a imóveis, bem como da constituição de fideicomisso;
12) das decisões, recursos e seus efeitos, que tenham por objeto atos ou títulos registrados ou averbados;
13) "ex officio", dos nomes dos logradouros, decretados pelo poder público;
14) das sentenças de separação judicial, de divórcio e de nulidade ou anulação de casamento, quando nas respectivas partilhas existirem imóveis ou direitos reais sujeitos a registro;
15) da re-ratificação do contrato de mútuo com pacto adjeto de hipoteca em favor de entidade integrante do Sistema Financeiro da Habitação, ainda que importando elevação da dívida, desde que mantidas as mesmas partes e que inexista outra hipoteca registrada em favor de terceiros;

16) do contrato de locação, para os fins de exercício de direito de preferência;
17) do Termo de Securitização de créditos imobiliários, quando submetidos a regime fiduciário;
18) da notificação para parcelamento, edificação ou utilização compulsórios de imóvel urbano;
19) da extinção da concessão de uso especial para fins de moradia;
20) da extinção do direito de superfície do imóvel urbano;
21) da cessão de crédito imobiliário;
22) da reserva legal;
23) da servidão ambiental;
24) do destaque de imóvel de gleba pública originária;
25) [extinto pela MP n. 458/2009]
26) do auto de demarcação urbanística;
27) da extinção da legitimação de posse;
28) da extinção da concessão de uso especial para fins de moradia;
29) da extinção da concessão de direito real de uso;
30) da sub-rogação de dívida, da respectiva garantia fiduciária ou hipotecária e da alteração das condições contratuais, em nome do credor que venha a assumir tal condição na forma do disposto pelo art. 31 da Lei no 9.514, de 20 de novembro de 1997, ou do art. 347 da Lei no 10.406, de 10 de janeiro de 2002 – Código Civil, realizada em ato único, a requerimento do interessado instruído com documento comprobatório firmado pelo credor original e pelo mutuário;
31) da certidão de liberação de condições resolutivas dos títulos de domínio resolúvel emitidos pelos órgãos fundiários federais na Amazônia Legal. (Brasil, 1973c)

Vistas as hipóteses de averbação previstas na lei, é possível perceber que elas, regra geral, não alteram a titularidade do direito real, pois tratam da extinção de ônus (baixa de penhora, por exemplo), constituição, alterações ou dissolução do vínculo conjugal (casamento do titular do direito, separação e divórcio etc.); o ato de registro, ao contrário, na maioria das vezes, trata da alteração da titularidade do direito real.

Nos termos do art. 246 da Lei de Registros Públicos, esses atos não esgotam o rol das possibilidades dos atos averbáveis (Augusto, 2013b, p. 268; Serra; Serra, 2016, p. 176), podendo o interessado averbar alterações que, de qualquer modo, interessem aos direitos reais constituídos na tábua registral (Lei n. 6.015/1973, art. 246).

Por fim, o último ato jurídico atribuído ao registrador é a **anotação**, um ato secundário que consiste em realizar remissões recíprocas dos registros e averbações em seus livros: "A anotação não é utilizada na matrícula nem no registro auxiliar (livro 3). Sua utilização se dá nos indicadores, real e pessoal, e no livro protocolo" (Augusto, 2013b, p. 268).

No mais, como estava subordinada à Constituição Federal, a norma não avançou no sentido de conferir independência ao registrador imobiliário. Todavia, deu importante contribuição para a **principal função do registrador**: a **qualificação dos títulos**, que será abordada a seguir.

4.2 A Constituição Federal de 1988

A mudança na formatação dos serviços registrais imobiliários veio com a Constituição Federal de 1988. Esta, em seu art. 236 e nos arts. 31 e 32 dos Atos das Disposições Constitucionais Transitórias, trata do registro de imóveis, conforme podemos observar a seguir:

> Art. 236. Os serviços notariais e de registro são exercidos em caráter privado, por delegação do Poder Público.
> § 1º Lei regulará as atividades, disciplinará a responsabilidade civil e criminal dos notários, dos oficiais de registro e de seus prepostos, e definirá a fiscalização de seus atos pelo Poder Judiciário.
> § 2º Lei federal estabelecerá normas gerais para fixação de emolumentos relativos aos atos praticados pelos serviços notariais e de registro.
> § 3º O ingresso na atividade notarial e de registro depende de concurso público de provas e títulos, não se permitindo que qualquer serventia fique vaga, sem abertura de concurso de provimento ou de remoção, por mais de seis meses.
> [...]
> Art. 31. Serão estatizadas as serventias do foro judicial, assim definidas em lei, respeitados os direitos dos atuais titulares.
> Art. 32. O disposto no art. 236 não se aplica aos serviços notariais e de registro que já tenham sido oficializados pelo Poder Público, respeitando-se o direito de seus servidores.
> (Brasil, 1988)

A norma fundamental de 1988 manteve a estatização das serventias judiciais e criou, para os serviços notariais e registrais, uma nova disciplina: o **exercício de função de forma privada**, por delegação do Poder Público, cujo acesso se dá por meio de concurso público de provas e títulos. Fixou-se que os emolumentos são a forma de remuneração do agente delegado, não tendo natureza de receitas públicas ou de custas, que seriam a fonte de renda das serventias judiciais (Sant'Anna, 2013b, p. 811), sendo as demais matérias disciplinadas por lei regulamentadora.

Nesse sentido, firmou-se no texto constitucional que o serviço registral é de titularidade do Poder Público, que, por intermédio de delegação, transfere a responsabilidade pela organização, pelo gerenciamento e pelo custeio a um particular, sendo mantida a fiscalização por intermédio do Poder Judiciário.

Essa forma de organização dos registros públicos corresponde à opção pelo sistema latino, pois nesse cenário o registrador é um operador do direito, encarregado da função pública de receber, interpretar e conservar os atos, conferindo-lhes autenticidade e expedindo certidões dos assentos contidos nos livros (Graeff Júnior, 2013, p. 395). Ademais, essa opção consagra a tradição brasileira desde o surgimento dos registros públicos (Dip, 2013c, p. 1300).

Constou do Ementário da Corregedoria da Guanabara de 1972 (Carvalho, 1998, p. 431) que a vantagem do exercício privado dos registros públicos seria que "a forma quase privada de administração do pessoal reinante nas serventias não oficializadas assegura um maior índice de eficiência: os serviços são mais rápidos e o atendimento ao público mais expedito, com maior número de servidores e, em compensação, maior nível salarial para todos".

Por conta dessa formatação, criou-se, em princípio, uma tensão entre o exercício privado da atividade – guiado pelo interesse particular dos detentores da delegação estatal que poderia comprometer a natureza do serviço – e o exercício da função estatal – marcada pela administrativização das serventias, que comprometeria seu caráter privado fixado na Constituição Federal. Nas palavras de José Renato Nalini (2013, p. 257): "Trata-se não de uma antinomia irredutível, mas, como se afirmou, de uma conjugação tensiva, de um binômio de entes com forças opósitas de atuação, e cujo equilíbrio constitui a regra de ouro para a solução epistêmica e decisória na matéria".

A solução somente foi alcançada, e apenas de certo modo, com a edição da Lei n. 8.935, de 18 de novembro de 1994 (Brasil, 1994b).

4.3 Lei dos Notários e Registradores – Lei n. 8.935/1994

A Lei n. 8.935/1994 (Lei dos Notários e Registradores) disciplinou o art. 236 da Constituição Federal e, complementando a redação da Lei de Registros Públicos, fixou que a finalidade dos serviços de registro é "garantir a publicidade, autenticidade, segurança e eficácia dos atos jurídicos" (Brasil, 1994b).

A atividade do registrador é assim definida no art. 3º da Lei dos Notários e Registradores: "Notário, ou tabelião, e oficial de registro, ou registrador, são profissionais do direito, dotados de fé pública, a quem é delegado o exercício da atividade notarial e de registro" (Brasil, 1994b).

Essa norma determinou quais seriam os requisitos necessários à delegação do serviço público de notário ou registrador, em seu art. 14: habilitação em concurso público de provas e títulos; nacionalidade brasileira; capacidade civil; quitação com as obrigações eleitorais e militares; diploma de bacharel em Direito ou, não sendo bacharel em Direito, comprovação de dez anos de exercício em serviço notarial e de registro até a data da primeira publicação do edital do concurso de provas e títulos (art. 15, § 2º); e verificação de conduta condigna para o exercício da profissão.

> O registrador imobiliário é pessoa natural que atua sob delegação e regramento do serviço público, aprovado em concurso público de provas e títulos, exercendo atividade jurídica, técnica, autônoma, dotado de fé pública e remunerado por emolumentos fixados pelo Poder Público, por meio de lei, e fiscalizado pelo Poder Judiciário. Em síntese, a atividade registral é pública e exercida em caráter privado.

As serventias extrajudiciais regidas pelo art. 236 da Constituição da República, regulamentado pela Lei n. 8.935/1994, não detêm personalidade jurídica, para todos os fins (tributário, trabalhista e de responsabilidade civil). Consequentemente, o cartório ou o registro de imóveis é o local do exercício das atribuições registrais, onde ficam arquivados os livros e se processam os atos registrais. Portanto, o cartório, por não ter patrimônio nem personalidade jurídica (afinal, não se trata de uma empresa), não pode compor, na qualidade de parte, ação judicial – apenas o próprio titular dos serviços pode fazê-lo (Sartori, 2002, p. 108; Alves, 2013, p. 97).

Segundo Sonia Marilda Péres Alves (2013, p. 97), essa ausência de capacidade processual é indiscutível e se justifica "pela análise da relação jurídica existente entre o titular da Serventia e o Estado ou mesmo porque a organização é regulada por lei e os serviços prestados ficam sujeitos ao controle e fiscalização do Poder Judiciário".

É importante mencionar também que a Lei n. 8.935/1994 facultou a contratação de prepostos, pelo regime celetista, para o cumprimento das atividades registrais, mantendo-se a responsabilidade do registrador pelo desempenho do serviço público e do gerenciamento administrativo, conforme os arts. 21 e 28 da lei em estudo:

> Art. 21. O gerenciamento administrativo e financeiro dos serviços notariais e de registro é da responsabilidade exclusiva do respectivo titular, inclusive no que diz respeito às despesas de custeio, investimento e pessoal, cabendo-lhe estabelecer normas, condições e obrigações relativas à atribuição de funções e de remuneração de seus prepostos de modo a obter a melhor qualidade na prestação dos serviços.
> [...]

> Art. 28. Os notários e oficiais de registro gozam de independência no exercício de suas atribuições, têm direito à percepção dos emolumentos integrais pelos atos praticados na serventia e só perderão a delegação nas hipóteses previstas em lei. (Brasil, 1994b)

Isso quer dizer que o custeio da atividade de registro – qual seja, a contratação de prepostos, aquisição de bens e *softwares*, cuidado com o armazenamento dos livros e todas as atividades ligadas à função – é inteiramente de responsabilidade do oficial.

Apesar da fiscalização exercida pelo Poder Judiciário e pela necessidade de respeito ao princípio da legalidade, os registradores têm independência no exercício de sua função, principalmente durante o processo de qualificação registral, conforme demonstrado a seguir.

No que diz respeito às atribuições do registrador, a mencionada lei firmou **deveres** de natureza administrativa, de acordo com seu art. 30:

> Art. 30. São deveres dos notários e dos oficiais de registro:
> I – manter em ordem os livros, papéis e documentos de sua serventia, guardando-os em locais seguros;
> II – atender as partes com eficiência, urbanidade e presteza;
> III – atender prioritariamente as requisições de papéis, documentos, informações ou providências que lhes forem solicitadas pelas autoridades judiciárias ou administrativas para a defesa das pessoas jurídicas de direito público em juízo;
> IV – manter em arquivo as leis, regulamentos, resoluções, provimentos, regimentos, ordens de serviço e quaisquer outros atos que digam respeito à sua atividade;
> V – proceder de forma a dignificar a função exercida, tanto nas atividades profissionais como na vida privada;
> VI – guardar sigilo sobre a documentação e os assuntos de natureza reservada de que tenham conhecimento em razão do exercício de sua profissão;

> VII – afixar em local visível, de fácil leitura e acesso ao público, as tabelas de emolumentos em vigor;
> VIII – observar os emolumentos fixados para a prática dos atos do seu ofício;
> IX – dar recibo dos emolumentos percebidos;
> X – observar os prazos legais fixados para a prática dos atos do seu ofício;
> XI – fiscalizar o recolhimento dos impostos incidentes sobre os atos que devem praticar;
> XII – facilitar, por todos os meios, o acesso à documentação existente às pessoas legalmente habilitadas;
> XIII – encaminhar ao juízo competente as dúvidas levantadas pelos interessados, obedecida a sistemática processual fixada pela legislação respectiva;
> XIV – observar as normas técnicas estabelecidas pelo juízo competente. (Brasil, 1994b)

Além dos deveres previstos na Lei n. 8.935/1994, os atos típicos do exercício da função registral também são fiscalizados pelo Poder Judiciário.

A fiscalização das atividades do registrador decorre da determinação constitucional e objetiva evitar prejuízos aos cidadãos quando existem equívocos ou fraudes na inscrição de determinados atos. Um dos deveres se refere à necessidade de o registrador imobiliário manter a guarda de seus arquivos e livros para garantir a perpetuidade dos registros.

> *A fiscalização das atividades do registrador decorre da determinação constitucional e busca para evitar prejuízos aos cidadãos quando existem equívocos ou fraudes na inscrição de determinados atos.*

Se houver o descumprimento de algum dos deveres, o registrador ficará sujeito a processo administrativo disciplinar, a ser aberto pelo Juízo Corregedor competente, que poderá culminar nas seguintes penalidades: repreensão, multa, suspensão de até 90 dias e perda da delegação. Proferida essa decisão, a parte poderá apresentar recurso para o órgão colegiado, que muda de estado para estado e pode ser verificado no Código de Normas correspondente.

Nesse sentido, podemos citar a ementa do Recurso Especial n. 1.370.524/DF, de relatoria do Ministro Marco Buzzi, julgado em 28 de abril de 2015:

> 1. De acordo com o parágrafo primeiro do artigo 236 da Constituição Federal, incumbe ao Poder Judiciário, de modo atípico, exercer função correcional e regulatória sobre a atividade registral e notarial, a ser exercida, nos termos da Lei de Organização Judiciária e Regimento Interno de cada Estado, pelo Juiz Corregedor, Corregedorias dos Tribunais e Conselho Superior da Magistratura. 1.1. É justamente no desempenho desta função correcional que o Estado-juiz exerce, dentre outras atividades (como a de direção e a de disciplina), o controle de legalidade dos atos registrais e notariais, de modo a sanear eventuais irregularidades constatadas ou suscitadas, o que se dará por meio de processo administrativo.
> 2. No âmbito do procedimento administrativo de registro de loteamento urbano, o Estado-juiz cinge-se, justamente, a analisar a regularidade e a consonância do pretendido registro com a lei, tão somente. Nessa extensão, e, como decorrência da função correcional/fiscalizatória, o Poder Judiciário desempenha atividade puramente administrativa, consistente, portanto, no controle de legalidade do ato registral. [...].

> 6.1. Em se tratando de questão essencialmente administrativa, o conhecimento e julgamento do recurso administrativo acima referenciado integra, inarredavelmente, a competência das Corregedorias dos Tribunais ou do Conselho Superior da Magistratura (a depender do que dispõe o Regimento Interno e a Lei de Organização Judiciária do Estado), quando do desempenho, igualmente, da função fiscalizadora e correicional sobre as serventias e órgãos prestadores de serviços notariais e de registro. (Brasil, 2015f)

Esse controle, efetuado por meio do Poder Judiciário, evita a ocorrência de erros, fraudes e equívocos na interpretação dos procedimentos do ofício imobiliário, além de buscar a padronização das atividades, evitando-se prejuízos decorrentes de interpretações isoladas e sem embasamento legal. Portanto, a fiscalização reforça a garantia de segurança no trânsito dos direitos reais.

Outro ponto que a Lei n. 8.935/1994 fixou – e que merece destaque – foi o regime de **responsabilidade civil** dos notários e registradores. A redação original da lei assim dispunha, em seu art. 22: "Os notários e oficiais de registro responderão pelos danos que eles e seus prepostos causem a terceiros, na prática de atos próprios da serventia, assegurado aos primeiros direito de regresso no caso de dolo ou culpa dos prepostos" (Brasil, 1994b). Esse texto criou grande dificuldade interpretativa, gerando vertentes tanto no sentido da responsabilidade objetiva (Stoco, 1999; Pires, 2014; Alves, 2013; entre outros) quanto, para outros, no sentido da responsabilidade subjetiva (Carvalho, 1998; Ceneviva, 2013b; Graeff Júnior, 2013; entre outros). As decisões do Superior Tribunal de Justiça (STJ) e do Supremo Tribunal Federal (STF) não eram sistemáticas e não permitiam a solução adequada da situação, trazendo prejuízos às atividades registrais.

Visando afastar tal divergência doutrinária e jurisprudencial, a Lei dos Notários e Registradores foi reformada pela Lei n. 13.286, em vigor desde 10 de maio de 2016, e o referido art. 22 passou a ter a seguinte redação:

> Art. 22. Os notários e oficiais de registro são civilmente responsáveis por todos os prejuízos que causarem a terceiros, por culpa ou dolo, pessoalmente, pelos substitutos que designarem ou escreventes que autorizarem, assegurado o direito de regresso. Parágrafo único. Prescreve em três anos a pretensão de reparação civil, contado o prazo da data de lavratura do ato registral ou notarial. (Brasil, 1994b)

Firmou-se, assim, o sentido de que a responsabilidade civil é aquiliana, ou seja, dependente de culpa prevista nos arts. 189 e 927 do Código Civil, tendo sua prescrição regulada pelo art. 206, parágrafo 3º, inciso V, do Código Civil, contado da lavratura do ato.

Em síntese, na **responsabilidade civil objetiva**, é desnecessária a comprovação de ação ou omissão ilícitas, pois estas, nos casos específicos, foram pressupostas pela lei. É o caso da responsabilidade civil do Estado e das prestadoras de serviços públicos (Constituição Federal/1988, art. 37, § 6º), em processos envolvendo direito do consumidor (Lei n. 8.078/1990, arts. 14 e 16), entre outras situações. Já a regra referente à **responsabilidade civil subjetiva** ou **aquiliana** é aquela em que a pessoa ofendida, para se ver indenizada, deve comprovar uma ação ou omissão, contrária à lei (dolo ou culpa), o dano por ela sofrida e o nexo de causalidade entre o comportamento do ofensor e o dano sofrido pelo ofendido. Como visto, esta última se tornou a regra geral.

A par das alterações legislativas, as atribuições dos oficiais de registro vêm sendo ressignificadas pela doutrina, para além dos procedimentos formais previstos na Lei de Registros Públicos, voltando-se para sua função social. Assim, a área de registros de imóveis se tornou, como aponta Augusto (2013b, p. 211), "uma instituição do direito civil, com a atribuição de garantir a eficácia das situações jurídicas incidentes sobre o bem imóvel." Justamente por ter essa função, é impreterível seu caráter autônomo em relação ao Estado, pois a garantia de direitos, como o da propriedade privada, se dá justamente pela não interferência de ideologias estatais. Assim, o registrador imobiliário acabou se tornando "uma garante da liberdade, um verdadeiro soldado em defesa do estado democrático de direito" (Augusto, 2013b, p. 211). Dip (2013c, p. 499) compreende a situação de maneira semelhante:

> *o registro de imóveis – na medida em que, como é tradicional afirmar, tem por fim a segurança jurídica nessa dúplice apontada vertente, estática e dinâmica – nisso desvela a derradeira importância de sua função política, qual a de conservar, primeiro, a estabilidade jurídica das situações reais imobiliárias e, seguidamente, a de garantir juridicamente a fluidez dos direitos correspondentes.*

Para além da positivação pela Constituição e das leis que regem sua função, juntamente com a doutrina que busca ressignificar a função social que exercem, os registradores devem observância às normas expedidas pelo juízo competente (Lei n. 8.935/1994, art. 30, XIV). Esses provimentos, em muitos estados, estão consolidados nos Códigos de Normas.

4.4 Códigos de Normas

A par da existência de **normas gerais**, no âmbito nacional, acerca da função dos registros de imóveis e de suas atribuições, sempre existiram os **regulamentos** e as **normas administrativas**

estaduais, que buscam detalhar e esmiuçar os procedimentos formais existentes. Isso ocorre porque é da tradição registral brasileira atribuir tal função às Leis de Organização Judiciária e, de forma mais detalhada, aos regulamentos administrativos do Poder Judiciário local, que é órgão fiscalizador.

A título exemplificativo, no Estado de São Paulo, foram editadas as Normas de Serviço da Corregedoria Geral de Justiça (Provimento n. 58, de 28 de novembro de 1989), o qual trata do Ofício Imobiliário, em seu Capítulo XX (São Paulo, 1989). Já no Estado do Rio de Janeiro, existe a Consolidação Normativa da Corregedoria Geral de Justiça, em que o ofício de registro de imóveis é regulamento no Título III do Livro III (Rio de Janeiro, 2017). No Estado da Bahia, as regras encontram-se no Provimento Conjunto n. CGJ/CCI 009, de 12 de agosto de 2013, da Corregedoria Geral de Justiça (Bahia, 2013). No Estado do Paraná, há o regramento no Capítulo 5 do Código de Normas do Foro Extrajudicial, de acordo com o Provimento n. 249 (Paraná, 2013); em Minas Gerais, há o Código de Normas do Foro Extrajudicial (Provimento n. 260, de 18 de outubro de 2013), que regula o ofício imobiliário no Livro VII (Minas Gerais, 2013). No Estado de Roraima, foi editado o Provimento n. 2, de 6 de junho de 2014, da Corregedoria Geral de Justiça do Tribunal, que trata do registro de imóveis nos arts. 72 a 86 (Roraima, 2014); e, ainda, no Estado do Acre, recentemente foi editado o Provimento n. 10, de 7 de março de 2016, da Corregedoria Geral da Justiça, que trata do registro de imóveis no Livro IV, e assim por diante (Acre, 2016b).

Tais normas estaduais trazem exigências a respeito da criação de livros específicos*, referentes a quais documentos devem acompa-

---

* Por exemplo, nos Estados do Paraná e de São Paulo, existe a determinação da existência do livro de Recepção de Títulos, respectivamente no art. 481, VII, e no item 16, I. Ainda no Paraná, foi criado o livro de Receitas e Despesas. As consultas foram realizadas nessas normas no mês de julho de 2016, sem prejuízo de eventuais alterações.

nhar os títulos, bem como exigências de manutenção de arquivos de determinados documentos*, entre outras particularidades observadas em cada um dos estados. Existem até mesmo algumas normas administrativas que apontam quais são os princípios existentes no direito registral imobiliário (como os Códigos de Normas de Minas Gerais, da Bahia e de Pernambuco).

Além das normas estaduais de cunho administrativo, que vinculam a atividade dos registradores (Lei n. 8.935/1994, art. 30, XIV), existem normas administrativas do Conselho Nacional de Justiça, como o Provimento n. 33, de 3 de julho de 2013, que trata do registro e da averbação de áreas públicas federais na Amazônia Legal (Brasil, 2013a). Também o art. 103-B, parágrafo 4º, inciso II, da Constituição Federal aponta que os registradores serão fiscalizados pelo Conselho Nacional de Justiça, estando forçosamente ligados às determinações desse órgão (Melo, 2013, p. 735).

Outra particularidade digna de nota nas Normas de Serviço dos Cartórios Extrajudiciais de São Paulo é a garantia de independência do registrador quando do exame dos títulos que são submetidos a sua análise (qualificação registral), que disciplina no item 9 do capítulo XX: "Os oficiais de Registro de Imóveis gozam de independência jurídica no exercício de suas funções e exercem essa

---

* O Código de Normas de Pernambuco exige o arquivamento dos comprovantes das comunicações feitas ao Instituto Nacional de Colonização e Reforma Agrária (Incra), relativas às aquisições de imóveis rurais por estrangeiros e dos comprovantes das comunicações feitas à Secretaria da Receita Federal do Brasil acerca das operações imobiliárias realizadas. O Código de Normas do Paraná prevê o arquivamento das cópias das diligências registrais, dos títulos lavrados por instrumento particular, do comunicado de abertura de matrícula; de requerimento para análise de título e cálculo de emolumentos da cédula de crédito rural, industrial, comercial, bancária, de exportação e de produtor rural, entre outros documentos.

prerrogativa quando interpretam disposição legal ou normativa" (São Paulo, 1989), pretensão acolhida doutrinariamente por Nalini (2013) e Augusto (2013b), alargando o preceito fixado no art. 198 da Lei de Registros Públicos e no art. 28 da Lei n. 8.935/1994.

Feita uma breve análise da natureza jurídica do registrador e de suas atribuições constitucionais e legais, passaremos ao exame da escrituração dos livros previstos na Lei n. 6.015/1973, sem entrar na especificidade das normas administrativas estaduais.

Síntese

Como destacamos, a natureza jurídica do cargo de registrador imobiliário está prevista na Constituição da República de 1988, a qual estabelece que é um operador do direito o encarregado da função pública de receber, interpretar e conservar os atos, conferindo-lhes autenticidade e expedindo certidões dos assentos contidos nos livros. Considerando que até a Lei n. 6.015/1973 não havia regulamentação específica para a função, os Tribunais de Justiça estaduais acabaram por criar uma série de regimentos administrativos esparsos, atualmente coligados pelos Código de Normas estaduais.

Visando unificar os procedimentos em âmbito nacional, a mencionada lei federal fixou que são atribuíveis ao registrador os seguintes atos: registros, averbações e anotações. Além disso, houve a unificação da nomenclatura e demais funções com a Lei n. 8.935/1994. Apesar disso, os Tribunais de Justiça estaduais continuam a exercer grande impacto na atividade registral.

Questões para revisão

1) Sobre a função dos registradores imobiliários, assinale a alternativa correta:
   a. Em linhas gerais, é atribuição dos registradores imobiliários conferir autenticidade, segurança e eficácia aos atos jurídicos, de forma absoluta, em razão da incidência do princípio da presunção *iuris et de iure*.
   b. Os atos de atribuição dos oficiais de registro são somente dois: registros e averbações.
   c. O registro tem por finalidade inscrever os títulos translativos, declaratórios ou constitutivos de direitos reais, estando seu rol previsto no art. 167, inciso I, da Lei de Registros Públicos.
   d. A averbação é o ato principal do registrador imobiliário.

2) Sobre a função do registrador imobiliário de acordo com a Lei n. 8.935/1994, assinale a alternativa correta:
   a. São requisitos para outorga do serviço público de notário ou registrador: habilitação em concurso público de provas e títulos; nacionalidade brasileira; capacidade civil; quitação com as obrigações eleitorais e militares; diploma de bacharel em Direito ou, não sendo bacharel em Direito, comprovação de 15 anos de exercício em serviço notarial e de registro até a data da primeira publicação do edital do concurso de provas e títulos; e verificação de conduta digna para o exercício da profissão.
   b. As serventias extrajudiciais detêm personalidade jurídica para todos os fins (tributários, trabalhistas e de responsabilidade civil).
   c. Os devedores dos registradores são fiscalizados pelo Poder Judiciário, na pessoa do Juízo Corregedor da Comarca,

e, ainda, pela Corregedoria Geral de Justiça das Cortes Federais.

d. A responsabilidade civil do registrador é aquiliana, ou seja, dependente de culpa e prevista nos art. 189 e 927 do Código Civil.

3) Sobre os Códigos de Normas e sobre a Constituição da República de 1988, assinale a alternativa **incorreta**:

   a. A Constituição da República determinou que a titularidade do exercício dos cartórios extrajudiciais é do Poder Público, que, por intermédio de licitação, na modalidade de concorrência, transfere a responsabilidade pela organização, pelo gerenciamento e pelo custeio à empresa, sendo mantida a fiscalização por intermédio do Poder Judiciário.

   b. A Constituição da República adotou o sistema latino de ofícios extrajudiciais, pois o registrador é um operador do direito, encarregado da função pública de receber, interpretar e conservar os atos, conferindo-lhes autenticidade e expedindo certidões dos assentos contidos nos livros.

   c. Os Códigos de Normas trazem exigências a respeito da criação de livros específicos não previstos na Lei de Registros Públicos, referentes a quais documentos devem acompanhar os títulos, bem como exigências de manutenção de arquivos de determinados documentos, determinações estas não previstas em lei.

   d. Em alguns Códigos de Normas, existe previsão de direitos dos registradores que não estão positivados em lei, como o direito da independência do registrador.

4) Conceitue *atos registráveis* e *atos averbáveis*.

5) Qual é a natureza jurídica da função do registrador imobiliário de acordo com a Constituição da República de 1988?

Questões para reflexão

1) Comente sobre o papel e a autonomia dos tribunais estaduais na confecção do Código de Normas, em face da legislação federal.

2) Discorra sobre o papel do registrador imobiliário conforme previsão na Lei n. 8.935/1994.

Para saber mais

Para quem deseja se aprofundar no estudo das atribuições do registrador imobiliário, sugerimos a consulta das seguintes obras:

DIP, R. O estatuto profissional do notário e do registrador. In: DIP, R.; JACOMINO, S. (Org.). **Direito registral**. 2. ed. São Paulo: Revista dos Tribunais, 2013. p. 1299-1310. v. 1 (Coleção Doutrinas Essenciais).

GRAEFF JÚNIOR, C. Natureza jurídica dos órgãos notarial e registrador. In: DIP, R.; JACOMINO, S. (Org.). **Direito registral**. 2. ed. São Paulo: Revista dos Tribunais, 2013. p. 939-405. v. 7. (Coleção Doutrinas Essenciais).

V

Breve análise da escrituração em livros

Conteúdos do capítulo:

- » Escrituração dos livros no registro de imóveis.
- » Livros Protocolo, de Registro Geral e Auxiliar.
- » Livros de Indicador Real e Indicador Pessoal.

Após o estudo deste capítulo, você será capaz de:

1. entender como se dá a escrituração no registro de imóveis;
2. compreender como funciona, na prática, a aplicação dos princípios na escrituração dos livros;
3. relacionar os livros entre si.

A Lei Imperial de 1864 (Brasil, 1864), regulada pelo Decreto n. 3.453, de 26 de abril de 1865 (Brasil, 1865), previu a criação de oito livros, a saber: Livro n. 1 (Protocolo); Livro n. 2 (Inscrição Especial); Livro n. 3 (Inscrição Geral); Livro n. 4 (Transcrição das Transmissões); Livro n. 5 (Transcrição de Ônus Reais); Livro n. 6 (Transcrição do Penhor de Escravos); Livro n. 7 (Indicador Real); e Livro n. 8 (Indicador Pessoal). Eles foram criados para irem além da função de livros auxiliares de inscrição das hipotecas legais e de transcrições *verbo ad verbum* (Carvalho, 1998, p. 297).

Houve uma redução para sete livros com o Decreto n. 370, de 2 de maio de 1890 (Brasil, 1895b), que excluiu o antigo Livro n. 3. Esse livro foi redesignado para a função de transcrição das transmissões, enquanto o Livro n. 4 o foi para a de transcrição dos ônus reais. Após a vigência do Código Civil, sobrevieram duas normativas: o Decreto n. 18.542, de 24 de dezembro de 1928 (Brasil, 1929), que manteve a quantidade de livros, alterando apenas suas funções, e o Decreto n. 4.857, de 9 de novembro de 1939 (Brasil, 1939), que acrescentou o Livro n. 8 para registro de testamentos, retornando à exigência de manutenção de oito livros. Posteriormente, em 1969 (Brasil, 1969b), com o Decreto n. 64.608, de 29 de maio de 1969, foram criados mais dois livros (Livro n. 9, para registro de cédulas de crédito rural; e o Livro n. 10, para registro de cédulas de crédito industrial), chegando a totalizar dez livros a cargo do registrador (Carvalho, 1998, p. 298).

> A **Lei n. 6.015, de 31 de dezembro de 1973 (Brasil, 1973c)**, que está em vigência, buscou a simplificação na escrituração dos livros, reduzindo-os para **cinco volumes**, conforme o art. 172:
> » Livro n. 1 – Protocolo
> » Livro n. 2 – Registro Geral
> » Livro n. 3 – Registro Auxiliar
> » Livro n. 4 – Indicador Real
> » Livro n. 5 – Indicador Pessoal

Cada um dos livros, quando findam, não tomam outro número sequencial, mas conservam o original com adição de sucessivas letras em ordem alfabética simples e depois repetidas em combinação com a primeira, seguindo indefinidamente, conforme determinação do art. 6º da Lei de Registros Públicos. Um exemplo seria: 2-A a 2-Z; 2-AA a 2-AZ; 2-BA a 2-BZ.

Além da possibilidade da escrituração mecanizada (conforme o art. 3º da Lei n. 6.015/1973) e da microfilmagem (art. 25 da mesma lei) dos papéis arquivados no ofício imobiliário, a Lei n. 11.977, de 7 de julho de 2009 (Brasil, 2009a), em seus arts. 37 a 41, criou o Sistema de Registro Eletrônico (SREI), dando prazo de cinco anos para os atos registrais serem inseridos no sistema de regime eletrônico, a contar da data de publicação da lei. Por meio desse serviço, é possível a recepção de títulos e emissão de certidões pela via eletrônica (art. 38, parágrafo único, da Lei n. 11.977/2009).

Com o objetivo de regular de forma geral as regras do registro imobiliário eletrônico, o Conselho Nacional de Justiça editou o Provimento n. 47, de 18 de junho de 2015 (Brasil, 2015b). Com ele, surgiram os seguintes *sites*:

> ARISP – Associação dos Registradores Imobiliários de São Paulo. **Ofício-Eletrônico**. Disponível em: <https://www.oficioeletronico.com.br>. Acesso em: 28 jul. 2020.
> ARISP – Associação dos Registradores Imobiliários de São Paulo. **Penhora Online**. Disponível em: <https://www.penhoraonline.org.br>. Acesso em: 28 jul. 2020.
> CNIB – Central Nacional de Indisponibilidade de Bens. Disponível em: <https://www.indisponibilidade.org.br>. Acesso em: 28 jul. 2020.
> REGISTRADORES – Central Registradores de Imóveis. Disponível em: <https://www.registradores.org.br>. Acesso em: 28 jul. 2020.

Nesses portais, gerenciados pela Arisp, em convênio com o Instituto dos Registradores de Imóveis do Brasil (Irib), é possível promover o intercâmbio de informações e documentos entre os registros de imóveis, o Poder Judiciário, a Administração Pública e demais interessados. Neles é possível receber e enviar títulos, bem como expedir certidões, tudo em formato eletrônico. Ademais, esse tipo de recurso visa à formação de repositório registral eletrônico para armazenamento de tais documentos.

Quanto a esse tema, devemos sublinhar a publicação do Provimento 107/2020 do Conselho Nacional de Justiça, publicada em 24 de junho de 2020, que vedou que as Centrais de Registro de Imóveis efetuem cobrança de valores além daquelas previstos em cada uma das Tabelas de Custos legalmente instituídas pelos Estados da Federação. Isso se deve ao fato de que muitas centrais estavam cobrando pelos serviços eletrônicos sem que tenha existido autorização legal. Considerando a existência de custos para manutenção de *hardware* e *software*, funcionários e demais custos necessários a viabilidade de tais centrais, certamente após a edição do Provimento mencionado, serão realizadas conversas com as diversas Corregedorias de Justiça de cada Estado, para chegar a uma posição intermediária e promover a inclusão de tal possibilidade de cobrança.

Nesse sentido, os advogados Maurício Vedovato, Thalita Duarte Henriques Pinto e Amanda Salis Guazzelli (2016) apontam que

> *Paralelamente ao trabalho do CNJ, algumas Corregedorias Gerais de Justiça dos Estados (CGJs) têm se mobilizado para regulamentar e efetivamente promover o funcionamento do SREI. A CGJ/SP tem sido precursora no Brasil no que tange à implantação do SREI. Por meio dos Provimentos n.ºs 42/2012 e 11/2013, a CGJ/SP estabeleceu não só regras para padronização dos procedimentos eletrônicos a serem observados pelos CRIs como também determinou a utilização de uma plataforma central única, a Central Registradores de Imóveis, gerida pela Associação de Registradores Imobiliários de São Paulo (Arisp), com a cooperação do Instituto de Registro Imobiliário do Brasil (Irib). Em relação aos demais Estados, a regulamentação do SREI ainda é incipiente*

na maior parte deles. Cumpre mencionar que 8 Estados (Acre, Espírito Santo, Mato Grosso do Sul, Pernambuco, Piauí, Rio Grande do Sul, Rondônia e Santa Catarina) possuem regulamentação prevendo o desenvolvimento do SREI pela Central de Registradores de Imóveis.

A fim de se adequar a essa situação, o Tribunal de Justiça paranaense (Provimento n. 262, de 24 de junho de 2016) criou a **Central Eletrônica de Registro Imobiliário do Paraná**. Essa central entrou em vigor 90 dias após a publicação do documento, no qual se traçaram os detalhes específicos do funcionamento eletrônico (Paraná, 2016). No âmbito no Estado de São Paulo, é utilizado o serviço criado pelo Conselho Nacional de Justiça anteriormente citado (**Registradores – Central Registradores de Imóveis**).

No Rio de Janeiro, as certidões eletrônicas são fornecidas pelo *site*:

E-CARTÓRIO RJ. Disponível em: <https://e-cartoriorj.com.br>. Acesso em: 28 jul. 2020.

Em Santa Catarina, é possível realizar o pedido da certidão eletrônica por este *site*:

COLÉGIO REGISTRAL IMOBILIÁRIO DE SANTA CATARINA. Disponível em: <https://central.centralrisc.com.br>. Acesso em: 28 jul. 2020.

Já no Mato Grosso, é possível acessar o sistema pelo seguinte *site*:

CEI – Central Eletrônica de Integração e Informações dos Serviços Notariais e Registrais do Estado do Mato Grosso. Disponível em: <https://cei-anoregmt.com.br/Sistema>. Acesso em: 28 jul. 2020.

Em vista de tais regulamentações, a escrituração dos livros, a recepção de títulos e a emissão de certidões terão uma alteração significativa, tornando mais célere e dinâmico o dia a dia dos ofícios imobiliários.

Feitos esses esclarecimentos, passaremos a tratar a seguir, de forma breve, de cada um dos livros previstos na Lei de Registros Públicos.

5.1 Livro n. 1 – Protocolo

Por intermédio do Livro n. 1 – Protocolo é que se viabiliza a aplicação do **princípio da prioridade**. Isso porque, considerando-se o acolhimento da clássica romana para aquisição de direitos reais (título causal + tradição pela inscrição), é necessário que:

> a apresentação do primeiro ao Registro de Imóveis fique logo marcada, a fim de que, enquanto se examina a sua legitimidade, não sofra a segunda com o eventual ingresso de outro título conflitante. A prenotação do título no protocolo serve para obviar esse risco e antecipar a eficácia da inscrição, fazendo-a valer antes de ser materialmente escriturada no livro próprio. (Carvalho, 1998, p. 316)

Assim, o **Livro Protocolo** é a porta de entrada do título causal e, por conta desse livro, dos princípios da prioridade e da publicidade, o detentor do direito real já encontra proteção da oponibilidade *erga omnes*, marca do direito real (Santos, 2013, p. 777). É exatamente essa a compreensão apontada pelo art. 1.246 do Código Civil (Brasil, 2002).

Não obstante conste no art. 182 da Lei de Registros Públicos que todos os títulos serão prenotados no Livro Protocolo, existe **exceção**: a apresentação de título somente para exame de exigências e cálculo de emolumentos, prevista no parágrafo único do art. 12

da Lei n. 6.015/1973. Como não há acesso ao Livro Protocolo, não é gerado qualquer efeito decorrente do princípio da prioridade.

O lançamento dos seguintes dados está entre os requisitos de sua escrituração: o número de ordem, que seguirá indefinidamente; a data de apresentação do título; o nome do apresentante; a natureza do título e os atos formalizados pelo registrador (art. 175 da Lei n. 6.216, de 30 de junho de 1975, que alterou a Lei de Registros Públicos).

O número de ordem segue indefinidamente, marcando cada título apresentado para cadastro. É possível, eventualmente, que ocorra desarranjo no seguimento do número de ordem, como quando é apresentado um título e, na nota de exigência, surge a necessidade de registro do título anterior (Carvalho, 1998, p. 317), conforme determinação do art. 195 da Lei n. 6.015/1973.

Sobre isso, podemos citar o seguinte exemplo: foi levada a registro uma escritura pública de compra e venda entre B e C. Porém, B não efetuou a inscrição de seu título quando adquiriu o imóvel de A. O título causal de C recebe um número de ordem inferior e, para que possa ser registrado, deve apresentar o título de B – o qual, necessariamente, receberá número de ordem superior.

O número de ordem e a data da prenotação devem ser reproduzidos no instrumento apresentado pelo interessado (art. 183 da referida lei). Esse requisito é relacionado à necessidade de inscrição no Livro Protocolo de todos os atos que o registrador formalizar. Essa condição "requer o lançamento na coluna de anotações apenas do cancelamento da prenotação, restauradora da homogeneidade

O exame prévio realizado pelo escrevente responsável pelo protocolo dos títulos não é vinculativo e não pode ser caracterizado como qualificação registral.

dos assentos de prioridade e do sobrestamento de outros títulos por exigência, dúvida ou espera de decurso de prazo legal, com os de anúncio de incorporação e loteamento" (Carvalho, 1998, p. 319). Os demais títulos seguem sua tramitação até a qualificação final, sem necessidade de inscrição na coluna de anotações.

O cancelamento da prenotação pode ocorrer pelos seguintes motivos, segundo Afrânio de Carvalho (1998, p. 326): por iniciativa do registrador, em face da irregistrabilidade manifesta do título ou do aparecimento da primeira hipoteca no prazo de espera previsto no art. 189 da Lei n. 6.015/1973; por desistência da parte no cumprimento das exigências após 30 dias do protocolo do título (art. 205); por decisão do juiz em processo, seja ele de dúvida ou contencioso; e, por fim, por autorização escrita do titular do direito prenotado.

O exame prévio realizado pelo escrevente responsável pelo protocolo dos títulos não é vinculativo e não pode ser caracterizado como qualificação registral. Trata-se de uma análise preliminar que visa evitar falhas na apresentação da documentação. Não obstante a indicação do escrevente de que o título e os documentos que o acompanham estão incompletos ou não estão aptos a análise, o art. 12 da Lei de Registros Públicos* determina que nenhum tipo de exigência pode impedir a entrada do título no Livro n. 1. Isso porque a "apresentação deve ser sempre feita ao protocolo do cartório, a fim de ser logo prenotado, para resguardo do direito nele envolvido" (Carvalho, 1998, p. 320).

---

* "Art. 12. Nenhuma exigência fiscal, ou dúvida, obstará a apresentação de um título e o seu lançamento do Protocolo com o respectivo número de ordem, nos casos em que da precedência decorra prioridade de direitos para o apresentante" (Brasil, 1973c).

Na hipótese de apresentação de um título envolvendo a transformação, a modificação ou a extinção de diversos direitos reais – como ocorre, por exemplo, no caso de uma doação com instituição de usufruto ou, ainda, da compra e venda de diversos imóveis –, não há necessidade de desdobramento da prenotação, pois o título recebe um único número de ordem, em analogia com o art. 187 do Ordenamento de Registros Públicos, que trata da permuta (Carvalho, 1998, p. 321). Contudo, a inscrição no Livro n. 2 é realizada em atos distintos sob dois ou mais números.

Pela importância que o Livro Protocolo tem, antes da vigência da Lei de 1973 ele somente poderia ser preenchido pelo registrador (Ceneviva, 1991, p. 328). A fim de dar celeridade ao processo, o art. 185 da lei permitiu que o substituto legal – ou o escrevente auxiliar expressamente designado e com autorização do juiz da Vara de Registros Públicos da comarca – também possa efetuar a prenotação do título.

5.2 Livro n. 2 – Registro Geral

No Livro n. 2 – Registro Geral, o principal do sistema registral brasileiro, são registradas e averbadas as diversas mutações jurídicas dos direitos reais. Cada matrícula, aqui, representa um único imóvel.

No sistema anterior, em uma transcrição específica, era possível constatar mais de um imóvel, como ilustra o exemplo a seguir.

Transcrição com mais de um imóvel (possível antes da Lei de Registros Públicos de 1973)

> **CERTIDÃO**
>
> **CERTIFICO** que, do livro 3-E de transcrição das transmissões deste Cartório sob o n° 14.025, datada de 15 de junho de 1968, consta a seguinte transcrição: – **CIRCUNSCRIÇÃO**: – Curitiba. **SITUAÇÃO**: Boqueirão. – **CARACTERÍSTICOS**: – Lotes de terreno sob n° 1 e 2 – um e dois –, da quadra 153-B – cento e cinquenta e três B – da planta da Chácara das Araucárias, medindo o lote 1, 9,00 metros de frente, para a rua n° 54, daquela planta, por 32,00 metros de fundos, com área total de 288,00m², e o lote 2 medindo 16,00 metros de frente para a rua n° 54, fazendo esquina com a rua B, onde mede 32,00 metros com área total de 512,00m², contendo uma casa de madeira, sito no arrebalde do Boqueirão, nesta cidade. – **TRANSMITENTES**: – João da Silva e sua mulher Maria da Silva, naturais do Brasil, residentes no arrebalde do Boqueirão, desta cidade. **TÍTULO**: – Compra e Venda. – **FORMA DO TÍTULO**: – Escritura lavrada em 12 de junho de 1968, nas notas do 4° Tabelionato desta Comarca. – **VALOR**: – NCr.$ 10.000,00 – dez mil cruzeiros novos – **CONDIÇÕES**: – não há. – **I.T**: – n° 634267. Eu, o oficial (a) José Santos, subscrevi. – O referido é verdade e dou fé. – Curitiba, 20 de julho de 2005. – *********************
> **Custas R$ 11,10 + R$ 2,50 (busca) + R$ 0,50 (ISSQN) + R$ 3,50 (selo) = R$ 17,60**

Segundo Balbino Filho (2012, p. 82, grifo nosso), a **matrícula** "é a abertura de um fólio real, ou o ingresso de um imóvel na vida tabular do registro. A palavra *matrícula* é utilizada por nossa legislação registral vigente para designar o acesso da entidade registral no fólio real". Trata-se da materialização do registro geral que, além de descrever o imóvel, traz todas as modificações ou informações relativas ao imóvel e aos proprietários dos direitos reais que recaem sobre o bem.

Após a entrada em vigor da Lei n. 6.015/1973 e com a ocorrência do primeiro registro relativo a determinado imóvel, encerra-se a existência da transcrição para dar abertura à matrícula (art. 228). Segundo Afrânio de Carvalho (1998, p. 356) e Sérgio Jacomino (2014, p. 115), não seria necessária a inscrição de um ato de registro propriamente dito, como previsto no rol do art. 167, inciso I, do diploma registral, isto é, qualquer ato registral (anotação, averbação ou registro) poderia levar à abertura de matrícula. Portanto, a primeira transformação, transferência, constituição ou extinção de direito real ou alteração nos dados do imóvel poderia acarretar o encerramento do sistema primitivo e a entrada no sistema vigente.

> **Matrícula** é o detalhamento de todas as especificidades que individualizam um imóvel, a qual é transportada com todos os direitos reais ali existentes, do sistema da transcrição para o sistema de cadastro real. Já o **registro** (ou **inscrição**) "é o assentamento de toda transmutação havida no direito de propriedade" (Balbino Filho, 2012, p. 89) e nos outros direitos inscritíveis.

Em razão de o fólio real ser o núcleo do sistema no qual orbitam os direitos reais, a Lei de Registros Públicos detalhou de forma exaustiva os dados e os requisitos intrínsecos de sua constituição. O registro geral vem regulado em três capítulos da Lei de 1973: II – Da Escrituração; III – Do Processo de Registro; e VI – Da Matrícula.

Primeiramente, o art. 176 cuidou de apontar os caracteres do imóvel que obrigatoriamente devem constar na matrícula (lote, número, logradouro etc.), conforme apontado anteriormente. Cada matrícula terá um número de ordem, que seguirá ao infinito, constando a **data** e a **identificação** do imóvel. Exatamente por infringir o princípio da especialidade é que – apesar de ser possível a realização de negócios jurídicos tendentes à constituição, transferência e extinção de direitos reais acerca de parte ideal do imóvel – não é possível a abertura de matrícula particular dessa parcela do imóvel (Fioranelli, 2014, p. 298; Carvalho, 1998, p. 360).

> *O registro geral vem regulado em três capítulos da Lei de 1973: II – Da Escrituração; III – Do Processo de Registro; e VI – Da Matrícula.*

Tal fato é comum em inventários e partilhas, como quando, por exemplo, o cônjuge meeiro fica com 50% do único imóvel objeto da herança e os outros dois herdeiros ficam com 25% cada um. Assim, o registro do formal de partilha deve demonstrar tal situação indivisa do condomínio civil exercido entre os sucessores, procedendo-se ao registro na matrícula primitiva, sem abertura de novo fólio.

O **número de ordem** "é o que individualiza o imóvel, determinando-o com precisão, transformando-o em unidade territorial autônoma, em torno do qual agrupam os direitos que sobre ele recaiam e seus sucessivos titulares" (Carvalho, 1998, p. 339). Quando ocorre a fusão de dois imóveis, pela nova descrição, constitui-se um terceiro, inconfundível com os outros dois, razão pela qual o ordenamento registral determina o encerramento das matrículas anteriores e a abertura de nova, conforme consta no art. 234 da Lei de Registros Públicos.

*Exemplo de matrícula: descrição de um apartamento**

> LIVRO N. 2 – REGISTRO GERAL   Rio de Janeiro, 4 de agosto de 2008
> Matrícula: 146.382   Ficha: 01
>
> **IMÓVEL** – O APARTAMENTO número 2, localizado no 23° andar do EDIFÍCIO Orquídea, situado na MARECHAL RUI BARBOSA, fundos para o alargamento da RUA DR ALBUQUERQUE, na Vila Andrade, 13° Subdistrito 15, com área privativa de 150 m², área comum de 80m², área comum de garagem de 26m² (referente ao direito ao uso de 03 vagas cobertas indeterminadas, na garagem coletiva do edifício, localizada no 1°, 2° e 3° subsolos, sujeitas ao auxílio de manobrista), perfazendo a área total de 256m², correspondendo-lhe a fração ideal de 0.005233 no solo e nas demais partes comuns do condomínio.
> **CADASTRO**: CONTRIBUINTE n° 23.183.292 em maior área.
>
> **PROPRIETÁRIA**: Valentina Modas, CNPJ 78.415.936/0034-15, com sede na Marechal Rui Barbosa, n° 2, 23° andar, conjunto 101, sala C, nesta Capital.
>
> **REGISTRO ANTERIOR**: R. 02/3716.23 de 30 de maio de 2003.
> (Especificação Condominial registrada sob n° 13 na referida matrícula e Convenção de Condomínio sob n° 10.362 no Livro Três – Registro Auxiliar, ambos nesta data) todos deste Registro.
>
> A escrevente autorizada: _____
>
> – Continua no verso –

A exigência da informação da data é explicada pela necessidade de ligação entre a prenotação no Livro Protocolo e a inscrição propriamente dita.

---

* Exemplo fictício

*Exemplo de matrícula: descrição de um imóvel rural**

> REGISTRO DE IMÓVEIS **REGISTRO GERAL** FICHA: 01
> Comarca de Fazenda Rio Grande
>
> MATRÍCULA N° 01.453 RUBRICA:
>
> JOÃO DA SILVA
>
> OFICIAL
>
> CPF 701.005.342-1
>
> **IMÓVEL**: Terreno rural com a área de 11 (onze) alqueires mais ou menos, situado no lugar denominado Cafezal, neste Município e Comarca, sem benfeitorias, com as seguintes características: Parte de um marco de madeira cravado à margem esquerda do Rio Maurício, na barra do Rio Iguaçu, daí segue ao rumo magnético de 01°00' SE, numa distância de 13.660,00 metros, até o segundo marco, limitando-se de um lado com o lote Pinhais e de outro e de outro lado com o lote Buriti, do segundo marco segue ao rumo magnético de 32°30'SE, limitando-se pela direita com o lote Coqueiros e pela esquerda com o lote Araucárias, numa distância de 4.400,00 metros até o terceiro marco. Deste segue ao rumo magnético de 43°40'SW, limitando-se pela direita com o lote Coqueiros, e pela esquerda com o lote Araucárias, numa distância de 2.500,00 metros até o quarto marco. Deste segue ao rumo magnético de 29°30'SE, limitando-se de ambos os lados com o lote Araucárias, numa distância de 7.250,00 metros até o quinto marco. Daí segue por uma radial margeando o Rio Maurício, ao rumo magnético de 37°00'SE, numa distância de 2.340,00 metros até o sexto marco. Deste segue ao rumo magnético de 84°40'SE, numa distância de 3.410,00 metros até o sétimo marco. Deste segue ao rumo magnético de 06°00'SE, na distância de 4.380,00 metros até o oitavo marco. Daí segue ao rumo magnético de 61°00'SE na distância de 4.610,00 metros até o nono marco. Deste segue ao rumo magnético de 44°00'NE, numa distância de 6.175,00 metros até o décimo marco. Deste segue ao rumo magnético de 85°45'NE, numa distância de 18.725,00 metros até

---

* Exemplo fictício

> o décimo primeiro marco, o qual está cravado nos limites da Serra Emboaba e à margem direita do Córrego Tupi: o limite entre os marcos de n° 6 ao n° 11 é feito com a Serra Emboaba. Do décimo primeiro marco segue ao rumo magnético de 05°15'NW, limitando-se com o Córrego Tupi numa distância de 4.825,00 metros até o décimo segundo marco; deste segue ao rumo magnético de 69°20'SW, numa distância de 2.880,00 metros até o décimo terceiro marco. Cravado na cabeceira do já mencionado Córrego Tupi. Daí segue ao rumo magnético de 80°10'SW, numa distância de 5.750,00 metros, até o décimo quarto marco, que está cravado na cabeceira do Córrego dos Anjos, e deste segue ao rumo magnético de 08°40'NW, numa distância de 4.450,00 metros, até o décimo quinto marco. Deste segue ao rumo magnético de 81°45'NW, numa distância de 9.945,00 metros, até o décimo sexto marco, que está cravado na barra dos Córregos Águas Claras e dos Anjos. Daí segue ao rumo magnético de 29°20'NW, numa distância de 7.240,00 metros, até o décimo sétimo marco, que está cravado na barra do Córrego dos Anjos com o Rio Sampaio; nestas últimas respectivas linhas o limite se dá com o Córrego dos Anjos. Deste último marco segue ao rumo magnético de 13°45'NW, margeando o Rio Sampaio, numa distância de 6.425,00 metros até a barra do Rio Sampaio (marco n° 18), deste segue ao rumo magnético de 69°15'NW, margeando o Rio Sampaio numa distância de 13.110,00 metros até a barra do Rio Iguaçu, ou seja, o primeiro marco que tomamos como ponto de partida. **Cadastrado juntamente com área maior no INCRA sob n° 713.052.605.503-1 (anteriormente n° 713.052.605.12).**
> – Continua no verso –

Posteriormente, também em atenção ao princípio da especialidade, consta a necessidade de qualificação das partes que fazem parte do negócio jurídico-real que se está inscrevendo, em que devem constar nome, nacionalidade, estado civil, profissão, carteira de identificação, número de inscrito no Cadastro de Pessoas Físicas (CPF) do Ministério da Fazenda e domicílio. A fim de cumprir o princípio da continuidade, também é necessário constar o número do registro anterior.

A lei impõe a necessidade de informação do título causal, sua forma, procedência e caracterização, o valor do contrato e da dívida, seu prazo e condições e mais especificações, inclusive os juros, se houver. Vejamos o exemplo a seguir.

*Trecho de registro de contrato de locação**

> R-1/27.384 Protocolo nº 35.823 de 13/09/03: De conformidade com o Contrato de Locação de Bens Móveis e Imóvel, firmado aos 24 de julho de 2002, o qual fica arquivado neste Cartório sob o n. 23.482, a proprietária BELADONA DECORAÇÕES, acima qualificada, na qualidade de locadora, LOCOU o imóvel objeto desta matrícula à locatária MSM – MÓVEIS & DECORAÇÕES LTDA., inscrita no CNPJ/MF sob n. 28.712.347/0011-15, com sede na Rua 24 de Maio, casa 8, nesta Capital, com o prazo da locação de 60 meses, a iniciar em 24 de julho de 2002 e a terminar em 24 de julho de 2007, podendo ser renovado, sendo o aluguel mensal equivalente a 0,8% do faturamento bruto mensal resultante da exploração, pela mesma, através dos bens locados, da atividade de indústria e comércio de móveis, que deverá ser pago até o dia 10 do mês seguinte ao vencido; excepcionalmente, nos dois primeiros meses de locação, a locatária estará isenta do pagamento dos aluguéis mensais, pagando apenas os encargos e acessórios da locação – demais condições, vide contrato. Funrejus s/RS. 485,00. Custas: 1.243,6 VRC = R$ 97,00. Curitiba, aos 26 de setembro de 2002.

Os atos registrais típicos do agente delegado imobiliário são feitos com a indicação da letra inicial do ato realizado seguida de seu número (Carvalho, 1998, p. 343). O art. 232 da Lei de Registros Públicos define que o "registro será precedido pela letra 'R' e o da averbação pelas letras 'AV', seguindo-se o número de ordem

---

* Exemplo fictício

do lançamento e o da matrícula (ex: R-1-1, R-2-1, AV-3-1, R-4-1, AV-5-1, etc.)" (Brasil, 1973c).

Em caso de desmembramento da circunscrição territorial de responsabilidade do registrador, para que seja efetuado o registro na nova serventia, é necessário apresentar a certidão atualizada, transportando os dados contidos no título apresentado para registro (art. 229), incluídos aí os ônus eventualmente existentes no registro primitivo.

5.3 Livro n. 3 – Registro Auxiliar

O Livro n. 3 – Registro Auxiliar está regulado nos arts. 177 e 178 da Lei de Registros Públicos:

> Art. 177. O Livro n. 3 – Registro Auxiliar – será destinado ao registro dos atos que, sendo atribuídos ao Registro de Imóveis por disposição legal, não digam respeito diretamente a imóvel matriculado. (Renumerado do art. 174 com nova redação pela Lei n. 6.216, de 1975).
> Art. 178. Registrar-se-ão no Livro n. 3 – Registro Auxiliar: (Renumerado do art. 175 com nova redação pela Lei n. 6.216, de 1975).
> I – a emissão de debêntures, sem prejuízo do registro eventual e definitivo, na matrícula do imóvel, da hipoteca, anticrese ou penhor que abonarem especialmente tais emissões, firmando-se pela ordem do registro a prioridade entre as séries de obrigações emitidas pela sociedade;
> II – as cédulas de crédito rural e de crédito industrial, sem prejuízo do registro da hipoteca cedular;
> III – as convenções de condomínio;
> IV – o penhor de máquinas e de aparelhos utilizados na indústria, instalados e em funcionamento, com os respectivos pertences ou sem eles;

> V – as convenções antenupciais;
> VI – os contratos de penhor rural;
> VII – os títulos que, a requerimento do interessado, forem registrados no seu inteiro teor, sem prejuízo do ato, praticado no Livro n. 2. (Brasil, 1973c)

Dessa forma, podemos agrupar em **duas categorias** os documentos que são registrados no Livro n. 3:

> *a) títulos que dizem respeito ao imóvel matriculado, mas que embora não versem sobre direito real, predispõem aquisições parceladas ou que, portadores deste direito, se transcrevem a requerimento das partes, independentemente da inscrição; b) títulos que não dizem respeito a imóvel matriculado, mas que são atribuídos ao registro por disposição legal.* (Carvalho, 1998, p. 302)

Na **primeira categoria**, unem-se às convenções de condomínio os memoriais de incorporação e de loteamento (Lei n. 4.591/1964, arts. 33 e 34, e Lei n. 6.766/1979, art. 23), os quais, apesar de terem relação direta com eventual direito real a ser inscrito como registro geral, não geram direito real. Na **segunda categoria** estão inclusas as demais hipóteses previstas nos incisos do art. 178, excluído o inciso VII.

Muitas críticas foram feitas pela inclusão de registro da escritura de emissão de debêntures no registro de imóveis, principalmente porque tais títulos não estão salvaguardados por garantia real (Carvalho, 1998, p. 302; Ceneviva, 1991, p. 320). Em razão de previsão inconciliável, a Lei n. 10.303, de 31 de outubro de 2001 (Brasil, 2001a), alterou a Lei n. 6.404, de 15 de dezembro de 1976 – Lei das Sociedades Anônimas (Brasil, 1976), para fazer constar em seu art. 62 que o registro da escritura de emissão de debêntures deveria ser realizado no registro do comércio, revogando tacitamente o inciso I do art. 178 da Lei de Registros Públicos.

Com relação às cédulas de crédito rural e ao penhor rural, estes são regulados pelo Decreto n. 167, de 14 de fevereiro de 1967 (Brasil, 1967b), que mantém, em seu art. 30, a previsão do registro das respectivas cédulas pelo registrador imobiliário. O motivo de tal registro é que, mesmo que a garantia recaia em bens móveis, como no caso do penhor, a garantia é entendida como real (art. 17) e, portanto, deveria ser inscrita no Livro n. 3.

Para concluir, devemos sublinhar que os títulos apresentados para o registro no Livro n. 3 devem ser transcritos em seu inteiro teor, conforme estabelece a determinação legal (Carvalho, 1998, p. 304).

5.4 Livro n. 4 – Indicador Real

O Livro n. 4 – Indicador Real é o segundo repositório dos imóveis, posterior ao Livro n. 2, de registro geral, e preserva sua importância mesmo após as transformações levadas a cabo pela lei vigente (Ceneviva, 1991, p. 321; Carvalho, 1998, p. 304).

Isso ocorre porque, antes da vigência da Lei 6.015/1973, esse indicador era a principal fonte de informações acerca do cadastramento predial, o qual atualmente é obtido com as informações existentes no Livro n. 2 – Registro Geral.

> No Livro n. 4 são feitas "indexações por endereço e denominação dos imóveis" (Augusto, 2013b, p. 269), nas quais devem constar remissões aos Livros n. 1, 2 e 3 e anotações acerca de eventuais alterações.

Por disposição legal do art. 179 da Lei n. 6.015/1973, todos os imóveis devem estar anotados nesse livro e deve haver também um livro-índice ou fichas pelas ruas dos nomes e situações dos bens, de acordo com sua localização, se rural ou urbano. Tal índice visa facilitar o trabalho diário da serventia, seja para a emissão de certidões, seja para a qualificação registral dos títulos.

5.5 Livro n. 5 – Indicador Pessoal

No Livro n. 5 – Indicador Pessoal são anotados todos os nomes que figuram nos demais livros, conforme prevê o art. 180 da Lei de Registros Públicos. Sua finalidade consiste em "oferecer um elemento alternativo de busca" (Carvalho, 1998, p. 304), bem como de controle para a "localização de bens que integram o patrimônio" de determinada pessoa (Augusto, 2013b, p. 270).

Devem constar nele todos os dados da pessoa, os quais são determinados pelo art. 176, parágrafo 1º, inciso II, item 4, da referida lei. São eles: domicílio e nacionalidade, estado civil, profissão, inscrição no CPF e Registro Geral da cédula de identidade, ou, na falta deste, sua filiação; caso se trate de pessoa jurídica, endereço da sede e número de inscrição no Cadastro Nacional de Pessoas Jurídicas (CNPJ). A lei facultou a criação de livro-índice em ordem alfabética, conforme o art. 180, parágrafo único, da mesma lei.

Tal situação se torna importante em face da implantação da Central Nacional de Indisponibilidade de Bens (Cnib), criada pelo Provimento n. 39, de 25 de julho de 2014, do Conselho Nacional de Justiça (Brasil, 2014a). Este impôs ao registrador a consulta aos dados cadastrais da pessoa titular do direito real antes da realização de qualquer ato registral, devendo-se proceder à anotação da indisponibilidade no presente livro (art. 14, parágrafo 2º).

Síntese

Examinamos, neste capítulo, qual é a função de cada um dos livros do registro de imóveis. Além disso, destacamos a importância de analisar, na prática, o funcionamento do princípio da prioridade (Livro Protocolo) e do princípio da especialidade subjetiva e objetiva na escrituração do Livro de Registro Geral. Também ressaltamos o papel dos Livros de Registro Auxiliar, Indicador Pessoal e Indicador Real na realização das tarefas diárias do registro imobiliário.

A grande modificação legislativa trazida pela Lei de Registros Públicos ocorreu na organização interna e na rotina do ofício imobiliário, principalmente com a adoção do Livro 2 como lugar central onde se inscrevem todas as modificações dos direitos reais (averbação e registro). Foi possível observar que, no sistema das transcrições, uma transcrição poderia contemplar mais de um imóvel e trazer poucas informações sobre os compradores.

O aperfeiçoamento do sistema registral, por meio dos princípios e, conjuntamente, da modificação dos livros que compõem o sistema organizacional, pretende garantir ainda mais segurança jurídica a todos os interessados.

Questões para revisão

1) Sobre os livros no registro imobiliário, assinale a alternativa correta:
   a. Todos os títulos serão prenotados no Livro Protocolo, sem qualquer exceção, inclusive no caso de exame de exigências e cálculo de emolumentos.

b. A matrícula é o detalhamento de todas as especificidades que individualizam um imóvel e é transportada do sistema anterior de transcrição com todos os direitos reais existentes.

c. Quando ocorre a fusão de dois imóveis, constitui-se um terceiro, parte dos outros dois, razão pela qual as matrículas anteriores continuam abertas, juntamente com a abertura da terceira matrícula do novo imóvel descrito.

d. Os atos registrais típicos do agente delegado imobiliário são feitos unicamente conforme o número do ato a ser realizado.

2) Sobre os Livros Protocolo e Auxiliar, assinale a alternativa correta:

a. O registro de imóveis ainda realiza a inscrição de debêntures.

b. As convenções de condomínio e os memoriais de incorporação e de loteamento são registrados no Livro Auxiliar.

c. O cancelamento da prenotação pode ocorrer por iniciativa do registrador, pela qualificação negativa do título; por desistência da parte no cumprimento das exigências; por decisão do juiz em processo, seja ele de dúvida ou contencioso; e, por fim, por autorização escrita do titular do direito prenotado.

d. Até hoje somente o registrador pode preencher prenotação do título no Livro Protocolo.

3) Sobre os Livros de Indicador Pessoal e Indicador Real, assinale a alternativa **incorreta**:

a. O Livro n. 4 preserva sua importância mesmo após as transformações levadas a cabo pela lei vigente, pois ele era a principal fonte de informações acerca do cadastramento predial.

b. O Livro n. 4 deve conter um livro-índice, ou de fichas, das ruas e dos nomes e situações dos bens, de acordo com sua localização (se rural ou urbano).

c. Em razão do princípio da especialidade, devem constar no Livro n. 5 todos os dados da pessoa: domicílio e nacionalidade, estado civil, profissão, inscrição no Cadastro de Pessoas Físicas (CPF) e Registro Geral (RG) da cédula de identidade –, ou, na falta deste, sua filiação; caso se trate de pessoa jurídica, endereço da sede e número de inscrição no Cadastro Nacional de Pessoas Jurídicas (CNPJ).

d. Considerando a implantação da Central Nacional de Indisponibilidade de Bens (Cnib), criada pelo Provimento n. 39/2014 do Conselho Nacional de Justiça, somente é necessária a averbação da indisponibilidade de bens no Livro n. 2 – Registro Geral, sendo irrelevante a anotação da indisponibilidade no Livro n. 5 Indicador Pessoal.

4) Quais são os livros previstos pela Lei n. 6.015/1973?

5) Qual é a função do Livro Protocolo e quais são os dados necessários para sua escrituração?

Questões para reflexão

1) Quais são os processos internos de entrada de uma escritura pública no registro de imóveis?

2) Como resolver a situação na qual são levadas a registro duas escrituras públicas de hipoteca, lavradas pelo notário no mesmo dia?

Para saber mais

Para quem deseja se aprofundar no estudo dos livros e sua escrituração, sugerimos a consulta das seguintes obras:

CARVALHO, A. de **Registro de imóveis**: comentários ao sistema de registro em face da Lei n. 6.015 de 1973 com as alterações da Lei n. 6.216 de 1975, Lei n. 8.009 de 1990 e Lei n. 8.935 de 18.11.1994. 4. ed. Rio de Janeiro: Forense, 1998.

VEDOVATO, M.; PINTO, T. D. H.; GUAZZELLI, A. S. Registro eletrônico de imóveis: um avanço necessário. **Migalhas**, 23 jun. 2016. Disponível em: <http://www.migalhas.com.br/arquivos/2016/6/art20160623-06.pdf>. Acesso em: 28 jul. 2020.

VI

A qualificação registral

Conteúdos do capítulo:

» Papel do registro de imóveis como pacificador social.
» Procedimento de jurisdição voluntária.
» Processo de qualificação registral.

Após o estudo deste capítulo, você será capaz de:

1. entender o papel do registrador como alternativa viável ao Poder Judiciário;
2. classificar o procedimento de qualificação registral;
3. entender o passo a passo da dinâmica da qualificação.

Os registradores não são receptores passivos dos títulos causais que executam ofício meramente executivo e subalterno (Dip, 2013d, p. 938). Conforme o art. 1.227 do Código Civil – Lei n. 10. 406, de 10 de janeiro de 2002 (Brasil, 2002), sua tarefa é a de recepcionar o título e, analisando-o à luz dos princípios e das normas registrais, realizar um juízo de valor positivo ou negativo acerca da entrada de tais instrumentos na tábua registral e, via de consequência, um julgamento sobre a própria criação do direito real.

Desde a Lei Hipotecária de 1865 existe a previsão da análise do título. A tarefa do agente delegado, nessa época, era examinar o documento e verificar eventual dúvida acerca de sua legalidade, seja por nulidade, seja por falsidade, podendo recusar-se a efetuar sua inscrição. Tratava-se da previsão do procedimento de dúvida (Dip, 2013d, p. 939). Tais disposições foram repetidas nas leis posteriores que se seguiram.

O Ordenamento de Registros Públicos vigente (Lei n. 6.015, de 31 de dezembro de 1973) prevê esse cuidadoso exame no art. 198: "Havendo exigência a ser satisfeita, o oficial indicá-la-á por escrito" (Brasil, 1973c). Tal exigência configura um juízo negativo do ingresso do título pela ausência de um dos requisitos necessários à constituição, formação ou extinção do direito real que se busca inscrever.

> *Desde a Lei Hipotecária de 1865 existe a previsão da análise do título.*

Apresentado o documento relativo ao negócio jurídico, o oficial verificará a possibilidade de inscrição do título na matrícula, utilizando-se da legislação e dos princípios do direito registral. Essa atividade é chamada de *qualificação registral*. Por via de consequência, a qualificação é tarefa típica do registrador, pela realização do processo de análise do título de forma a produzir um juízo de valor, necessariamente fundamentado nas leis e nas normas administrativas aplicáveis a sua função pública.

Entretanto, não se trata de simples exame ou verificação, pois a qualificação registral abrange "o ato de verificar (componente especulativo da prudência, enquanto se considera o sujeito) e aplica os conselhos e juízos encontrados à operação" (Dip, 2013d, p. 943). Por conta da multiplicidade de combinações de regras e negócios jurídicos, o processo de qualificação registral não encontra fórmulas prontas previstas na lei ou nas normas administrativas, razão pela qual dependem de uma análise prudente e criteriosa do registrador, o qual deve contar com independência em seu julgamento (Augusto, 2013a, p. 977).

A natureza jurídica da qualificação registral é controversa entre a doutrina nacional. Esta poderia ser divida em quatro correntes teóricas: **atividade jurisdicional; atividade administrativa; jurisdição voluntária;** e **singular** ou **especial.**

Os defensores da primeira corrente* apontam que as atividades jurisdicionais e de registro têm a mesma gênese e eficácia *erga omnes* e utilizam o processo de subsunção do caso à norma jurídica. Todavia, Ricardo Dip (2013d, p. 951) aponta que tais caracteres não são suficientes identificadores das funções jurisdicionais e de registro para que se possa caracterizar a qualificação como tendo natureza jurídica.

A linha de classificação administrativa** se apoia em posição do direito administrativo, principalmente pela questão prática. No Brasil, isso ocorre especialmente por uma leitura literal

---

* São diversos autores, como Caperochipi, Fueyo Laneri, Agulló Barrachina, Passos y Garcia, Romaní Calderon, Gallardo Rueda, conforme Dip (2013d, p. 951).
** Nesse grupo estão presentes González Pérez Palomino, Garrido Falla, Campozano y Horma, entre outros, de acordo com Dip (2013d, p. 952).

e inadvertida do art. 236 da Constituição Federal (Brasil, 1988), relativo à função de caráter público, e pela existência de delegação do serviço que os registradores exercem (tensão no binômio *serviço público/exercício privado*), bem como pela ausência de produção científica em torno da autonomia do direito registral imobiliário (Dip, 2013d, p. 954).

A qualificação, para Marcelo Augusto Santana de Melo (2013, p. 738), enquadra-se na esteira dos procedimentos de jurisdição voluntária, atualmente disciplinados nos arts. 719 ao 770 do Código de Processo Civil (Brasil, 2015d), tendo o registrador imobiliário o papel de julgador nesses casos. O autor ainda salienta que a jurisdição voluntária tem as seguintes características: função estatal de natureza administrativa, função preventiva e constitutiva, o julgador com independência e imparcialidade em face das partes. Tais características estariam presentes na atuação do registrador predial.

A presidência, por parte do oficial de registro, dos procedimentos previstos na Lei n. 6.015/1973 – como os de retificação (art. 213 e seguintes), de regularização fundiária urbana (art. 288-A e seguintes) e, desde março de 2016, de usucapião (art. 216-A) – corrobora o entendimento de que estaríamos diante de um procedimento de jurisdição voluntária.

Com base no Relatório do Conselho Nacional de Justiça, denominado *Justiça em Números 2015* (Brasil, 2015a), em que se analisa o ano de 2014, é possível perceber que o nível de litigiosidade da população brasileira está se alargando e alcançando níveis que inviabilizam a própria atividade jurisdicional. Ao final de 2014, a estimativa era a de que estariam pendentes de julgamento cerca de 71,2 milhões de processos, com um custo de R$ 68,4 bilhões, algo equivalente a 1,2% do Produto Interno Bruto (PIB) brasileiro à época.

Gráfico 6.1 – Série histórica da movimentação processual

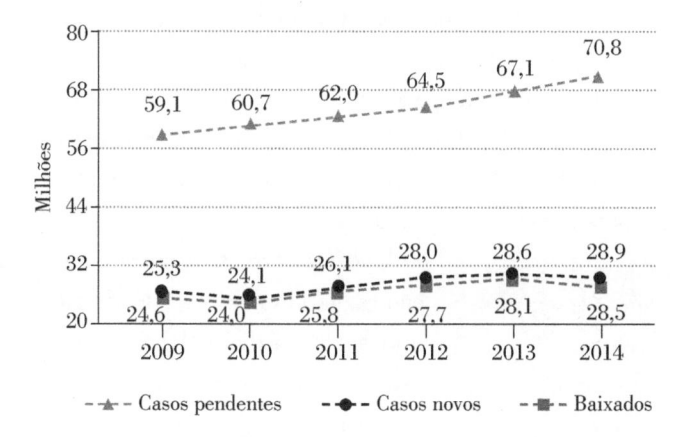

[Gráfico de linhas com eixo Y "Milhões" e anos 2009-2014 no eixo X:
- Casos pendentes: 59,1 – 60,7 – 62,0 – 64,5 – 67,1 – 70,8
- Casos novos: 25,3 – 24,1 – 26,1 – 28,0 – 28,6 – 28,9
- Baixados: 24,6 – 24,0 – 25,8 – 27,7 – 28,1 – 28,5]

Fonte: Elaborado com base em Brasil, 2015a, p. 34.

Sem entrar no mérito das razões do continuado aumento das demandas e de seus custos, o Poder Judiciário, em conjunto com o Poder Legislativo, tem tentado afastar procedimentos que, pela natureza dos direitos envolvidos (por exemplo, direitos disponíveis) ou pela ausência de litigiosidade, não necessitam da intervenção judicial. Assim, essa competência é delegada à **mediação**, à **arbitragem** (Lei n. 9.307, de 23 de setembro de 1996) e às **atividades notariais e registrais**.

Nesse tocante, é função do notário a realização de inventários, partilhas, separação e divórcios consensuais (Lei n. 11.441, de 4 de janeiro de 2007) e é atribuição do registrador presidir os procedimentos de retificação (art. 213 da Lei de Registros Públicos, alterado pela Lei n. 10.931, de 2 de agosto de 2004), de regularização fundiária urbana (art. 288-A da Lei de Registros Públicos, incluído pela Lei n. 12.424, de 16 de junho de 2011) e de usucapião (art. 216-A da Lei de Registros Públicos, incluído pela Lei n. 13.105, de 16 de março de 2015). Nesse cenário, a qualificação registral assume papel importante no alívio da sobrecarga sofrida pelo Poder Judiciário.

Não obstante os válidos fundamentos expendidos, a "administração pública do direito privado é gênero do qual a jurisdição voluntária é espécie", sendo esta última função exclusiva do Poder Judiciário, ou seja, não pode ser exercida fora dos limites da jurisdição (Dip, 2013d, p. 955). Ademais, apesar de certos procedimentos serem realizados no registrador predial, falta-lhe autorização legal para o exercício de tal função.

> *Para que seja possível o exercício da qualificação registral, é necessário que o oficial predial aja de forma autônoma e imparcial (Brasil, 1994c, art. 28)*

A última corrente localiza a qualificação registral entre a atividade administrativa e a jurisdicional, seja contenciosa, seja voluntária, constituindo outra natureza jurídica que delas diverge (Dip, 2013d, p. 955-957). Conforme afirma José Manuel Garcia Garcia (citado por Melo, 2013, p. 741), não há como classificar a qualificação registral como ato de jurisdição voluntária, pois esta tem uma natureza jurídica mista, com traços tanto da jurisdição voluntária quanto da administração pública. Por apresentar caracteres de jurisdição, de direito administrativo e de jurisdição voluntária, não se confunde com nenhuma delas, tendo natureza jurídica especial (Chico Ortiz, citado por Melo, 2013, p. 741).

Para que seja possível o exercício da qualificação registral, é necessário que o oficial predial aja de forma autônoma e imparcial, conforme o art. 28 da Lei n. 8.395, de 18 de novembro de 1994 (Brasil, 1994b). Embora os registradores imobiliários devam ser submetidos à fiscalização do Poder Judiciário, de acordo com art. 236 da Constituição Federal, estes têm independência jurídica na qualificação registral, pois cabe somente a eles "a tarefa de admissibilidade ou não de inscrição dos títulos apresentados a registro" (Melo, 2013, p. 744). Isso foi definido pelo Superior Tribunal de Justiça (STJ) e pelo Supremo Tribunal Federal (STF), de forma a garantir a independência do registrador quando da qualificação registral, seja nos títulos judiciais, seja nos extrajudiciais.

Na rotina do registro imobiliário, existe uma vasta gama de atividades. Estas podem ser classificadas em quatro grupos (Augusto, 2013b, p. 265): controle do ingresso do título; escrituração dos assentos registrais; presidência e decisão de procedimentos especiais; e fomento do registro.

No controle do ingresso dos títulos é feita uma pré-análise, a qual, vale dizer, não se confunde com a qualificação registral (em que o escrevente está encarregado do protocolo). Esse funcionário, normalmente, analisa de forma sumária a documentação apresentada e, quando é o caso, indica eventuais documentos complementares.

Todavia, em razão da importância da prenotação no Livro Protocolo (princípio da prioridade) e mesmo da clara disposição do art. 12 da Lei de Registros Públicos, é obrigação do escrevente aceitar o protocolo do título, mesmo que deficiente. Recebido o título, ele é inscrito no Livro Protocolo e recebe um número de ordem.

Após a prenotação, passa-se à fase preparatória. Nesse momento são colhidas informações e organizados os documentos de acordo com a natureza do título, tais como a colheita de dados nos Livros de Indicador Real e Indicador Pessoal, a verificação das indisponibilidades, a análise do indicador real e suas remissões a outros livros (Carvalho, 1998, p. 323).

De forma resumida, é possível elencar os atos realizados nessa fase, quando da recepção de um instrumento particular de compra e venda, com alienação fiduciária: se o imóvel pertence à área da circunscrição do registrador; se as informações do título conferem com aquelas existentes no Livro de Indicador Pessoal; se existem indisponibilidades em nome do alienante e se o vendedor está na disposição do imóvel (princípio da continuidade); se, no Livro de Indicador Real, a descrição do imóvel está correta no título; se, no Livro Auxiliar, pesam sobre o imóvel eventuais gravames que possam vir a impossibilitar a transferência; se todos os requisitos do contrato (valor do negócio, taxa de juros, parcelas, entre outros) estão presentes; e se houve o recolhimento dos impostos incidentes sobre o negócio (Imposto de Transmissão de Bens Imóveis – ITBI).

Em seguida, de posse de tais informações e documentos, denominados *atos de ordenação e mero expediente* (Augusto, 2013b, p. 273), pode-se proceder à qualificação registral. Essa fase foi sistematizada por Dip (2013d, p. 960) em três etapas: análise do título levado a registro; registro existente e persistente; e relação entre o título exibido e o registro existente.

A análise do registrador imobiliário não se limita ao aspecto formal do título, conforme os requisitos contidos no art. 221 da Lei de Registros Públicos e no art. 104 e 108 do Código Civil. São analisadas também a causa da aquisição e a validade geral das cláusulas ali inseridas. Na segunda etapa, verifica-se o registro por meio da análise de seu conjunto, inclusive das inscrições mais remotas, para fins de exame de eventuais causas impeditivas (Dip, 2013d, p. 960-961). Por fim, são conferidos eventuais registros colaterais que se relacionem com o objeto do título em análise, as pessoas que intervêm no ato e também o Livro Protocolo, para verificar casual existência de outro título, a fim de acautelar prioridades.

Conforme o entendimento apresentado por Dip (2013d, p. 962-969), o exame analítico do título durante as três fases descritas anteriormente deve seguir os passos aqui descritos. Primeiramente, analisa-se a competência territorial, para verificar se o imóvel objeto do título se encontra sob sua circunscrição e se existe algum impedimento para a realização do ato (Lei n. 8.395/1994, art. 27). Posteriormente, verifica-se se foi cumprido o princípio da rogação, ou seja, se o ato requer a existência de prévio requerimento do interessado para ser aperfeiçoado (por exemplo, requerimento de unificação de matrículas ou de retificação das metragens do imóvel). Em seguida, analisa-se a registrabilidade *in abstracto* do título, ponderando se a lei faculta a inscrição do negócio jurídico. Se a norma impede a inscrição da posse, da escritura de emissão de debêntures ou do contrato de *leasing*, não é possível emitir um juízo positivo acerca da inscritibilidade de tais documentos.

Considerado o título de forma isolada e concluindo pela sua registrabilidade, o agente delegado predial avalia seus requisitos: viabilidade de registro em razão de sua forma; determinação e especialidade subjetiva das partes; intervenção e outorga das partes; exposição do negócio jurídico (premissas); estipulações (conclusão do pacto); apresentação do instrumento em sua via original (já que não são aceitas cópias reprográficas); para escrituras notariais, verificação da competência do notário e da assinatura no translado; para os títulos particulares, verificação da regularidade em face do Código Civil (art. 108), do reconhecimento das assinaturas e da eventual necessidade de testemunhas instrumentais, bem como da necessidade de apresentação de documentos acessórios.

Além disso, o oficial imobiliário deve cuidar da capacidade civil das partes, mas não somente desta. Deve cuidar, também, de questões de representação, de assistência, de curatela e de tutela ou, ainda, da representação do espólio, dos ausentes das massas falidas e dos condomínios edilícios. Tais questões devem ser objeto de cuidadosa análise para evitar nulidades e anulabilidades no registro (Lei n. 10.406/2002, arts. 166, 171 e 1.245, parágrafo 2º). Ademais, é necessária a análise de questões relativas ao parcelamento do solo (Lei n. 6.766/1979) e ao respeito às determinações da legislação ambiental (Lei n. 12.651/2012), entre outras leis específicas acerca da ocupação e zoneamento rural e urbano.

É importante mencionar que a qualificação atinge tanto os títulos extrajudiciais quanto aqueles emanados da autoridade judiciária. Apesar de a fiscalização dos atos dos registradores prediais ser realizada pelo Poder Judiciário, em especial pelo Juízo Corregedor, deve-se necessariamente fiscalizar se os títulos judiciais que buscam ingresso na tábua registral estão em conformidade com as normas de serviço. Nas palavras de Elvino Silva Filho (2013, p. 433): "Tanto a doutrina como a jurisprudência, porém, admitem, pacificamente, a competência do oficial do Registro de Imóveis para proceder ao exame dos títulos judiciais que lhes são apresentados".

Entretanto, a qualificação registral apresenta limites, no sentido de não adentrar no mérito da decisão judicial, ou seja, o oficial jamais pode "pôr em dúvida a injustiça da sentença, ou a errônea interpretação da proposição contratual ou de declaração unilateral da vontade, feita pelo juiz" (Miranda, citado por Silva Filho, 2013, p. 441).

Existem setores da jurisprudência, contudo, que entendem como necessária a limitação da qualificação registral unicamente a aspectos formais e extrínsecos da determinação, o que somente parece correto em se tratando de títulos judiciais que não confrontem normas cogentes da atuação registral. Este é o precedente firmado pelo parecer do juiz auxiliar Iberê Castro Dias, nos autos n. 1113669-83.2015.8.26.0100, datado de 29 de julho de 2016:

> RETIFICAÇÃO REGISTRAL DE OFÍCIO – IMÓVEL – Formal de partilha registrado tal como homologado. Posterior retificação pelo registrador, de ofício, ao argumento de erro na partilha – Metade do imóvel pertencia ao falecido e sua esposa; a outra metade, a uma das filhas. No momento da partilha, o imóvel foi integralmente atribuído à esposa do falecido. Retificação de ofício, mais de vinte anos depois do trânsito em julgado da sentença que homologou a partilha, para fazer constar que a viúva meeira passaria a ser proprietária de apenas 50% do imóvel. Impossibilidade. A qualificação registral de títulos judiciais está limitada a aspectos formais, extrínsecos. Ao Oficial, não é dado questionar o mérito da decisão judicial, quanto menos rever de ofício os termos da partilha homologada. Precedentes do CSM – Recurso provido. (Brasil, 2016b)

Passado o procedimento de qualificação do título, o julgamento que dele provém pode ser positivo ou negativo. A decisão negativa se faz por meio da nota de exigência ou nota de devolução, devendo consignar, em linguagem acessível, os motivos fáticos e jurídicos que levaram a concluir pelo impedimento da entrada do título na tábua registral. Deve estabelecer também quais as providências que o interessado deve tomar para que viabilize a inscrição daquele instrumento (Augusto, 2013b, p. 275-276). Caso o interessado não concorde com a decisão do registrador, poderá requerer que este apresente ao juiz o procedimento de dúvida. Esse assunto será examinado no capítulo seguinte.

> *A qualificação registral é a função que se mostra mais complexa e a que exige maior cuidado por parte do registrador imobiliário, pois a decisão apresentada, seja positiva, seja negativa, acabará por gerar um direito real ou negar esse efeito a determinado negócio jurídico.*

Caso a decisão seja positiva, o registrador e seus escreventes procederão à escrituração dos livros. O oficial designa os elementos essenciais do título e inscreve tais extratos na matrícula (Livro n. 2 – Registro Geral), nos Livros de Indicador Pessoal e Indicador Real, no Livro Auxiliar e no Livro Protocolo, consignando os atos praticados, de acordo com o título qualificado positivamente (Augusto, 2013b, p. 281).

Contabilizados os emolumentos, a documentação é posta à disposição do interessado, extraindo-lhe certidão dos atos praticados.

Alguns autores advogam a posição de que a qualificação registral tem o papel até mesmo de barrar cláusulas entendidas como abusivas, sob o crivo do Código de Defesa do Consumidor. Esta é a compreensão de Sarmento Filho (2016). Nesse sentido, o referido autor afirma que "Os registradores estão, a nosso juízo, incluídos no rol de pessoas e entidades que devem zelar pela aplicação das boas práticas consumeristas, ainda que não haja em nosso país, a exemplo do que ocorre em grande parte dos países latino-americanos, nenhuma regra específica nesse particular" (Sarmento Filho, 2016, p. 450).

Portanto, a qualificação registral é a função que se mostra mais complexa e a que exige maior cuidado por parte do registrador imobiliário, pois a decisão apresentada, seja positiva, seja negativa, acabará por gerar um direito real ou negar esse efeito a determinado negócio jurídico.

Síntese

Como demonstramos nesse capítulo, o procedimento de qualificação é a atribuição mais importante do registrador imobiliário, pois é por meio dela que se afere a potência do título (judicial ou extrajudicial) para a aquisição, a modificação ou o cancelamento de direitos reais. Tal procedimento, cuja natureza jurídica é controvertida, apresenta diversos passos, todos eles aliados à prudência e à independência do registrador.

Questões para revisão

1) Sobre a qualificação registral, assinale a alternativa correta:
   a. A qualificação é tarefa típica do registrador, pela realização do processo de análise do título de forma a produzir um juízo de valor, necessariamente fundamentado nas leis e nas normas administrativas aplicáveis a sua função pública.
   b. A presidência, por parte do oficial de registro, dos procedimentos previstos na Lei de n. 6.015/1973 (de retificação,

de regularização fundiária urbana e de usucapião) afastam o entendimento de que a qualificação registral seria procedimento de jurisdição voluntária.

c. A qualificação registral não tem caracteres de jurisdição, de direito administrativo nem de jurisdição voluntária.

d. A qualificação não pode ser entendida como atividade jurisdicional porque, mesmo para seus defensores, ela não tem eficácia *erga omnes* e não utiliza processo de subsunção do caso à norma jurídica.

2) Sobre a qualificação registral, assinale a alternativa **incorreta**:

a. A análise do registrador imobiliário não se limita ao aspecto formal do título, sendo analisadas a causa da aquisição e a validade geral das cláusulas do instrumento.

b. O registrador precisa analisar sua competência territorial para verificar se o imóvel objeto do título se encontra sob sua circunscrição e se existe algum impedimento para realização do ato e, posteriormente, para analisar a registrabilidade do título, ponderando se a lei faculta a inscrição do negócio jurídico.

c. A qualificação atinge tanto os títulos extrajudiciais quanto aqueles emanados da autoridade judiciária.

d. A qualificação de títulos judiciais não deve limitar-se à análise dos aspectos formais e extrínsecos, devendo analisar com profundidade o mérito do ato judicial.

3) Sobre a qualificação registral, marque a alternativa correta:

a. A qualificação negativa se faz por meio da nota de exigência ou nota de devolução, sendo desnecessária a fundamentação.

b. A qualificação registral não pode nunca barrar cláusulas abusivas inseridas em contratos.

c. O registrador fica desobrigado a aceitar protocolo de título deficiente.

d. A qualificação é tarefa típica do registrador, fruto da análise do título, realizando um juízo de valor necessariamente fundamentado nas leis e nas normas administrativas aplicáveis a sua função pública.

4) Qual é o conceito de qualificação registral?

5) Como deve ser feita a qualificação de títulos judiciais?

Questões para reflexão

1) Qual é a natureza jurídica da qualificação registral? Desenvolva seu raciocínio.

2) É possível qualificar negativamente um formal de partilha no qual há equívoco quanto aos quinhões hereditários e à meação? Explique, fundamentando sua resposta.

Para saber mais

Para quem deseja se aprofundar no estudo da qualificação registral, sugerimos a consulta das seguintes obras:

DIP, R. Sobre a qualificação no registro de imóveis. In: DIP, R.; JACOMINO, S. (Org.). **Direito registral**. 2. ed. São Paulo: Revista dos Tribunais, 2013. p. 933-985. v. 6 (Coleção Doutrinas Essenciais).

MELO, M. A. S. A qualificação registral como tutela preventiva de conflitos. In: DIP, R.; JACOMINO, S. (Org.). **Direito registral**. 2. ed. São Paulo: Revista dos Tribunais, 2013. p. 731-754. v. 6. (Coleção Doutrinas Essenciais).

VII

Procedimentos do registro de imóvel

Conteúdos do capítulo:

» Procedimentos no registro de imóvel.
» Procedimento de dúvida.
» Procedimento de retificação.
» Procedimento de usucapião extrajudicial.

Após o estudo deste capítulo, você será capaz de:

1. compreender quais são os principais procedimentos presididos pelo registrador imobiliário;
2. entender os passos e os requisitos para o procedimento de dúvida;
3. entender os passos e os requisitos para o procedimento de retificação;
4. entender os passos e os requisitos para o procedimento de usucapião extrajudicial.

Após as apresentações dos esclarecimentos acerca da qualificação registral, é importante analisarmos, de forma mais pormenorizada, quais são os **procedimentos principais** de **atribuição do registrador** predial. São eles: **procedimento de dúvida, procedimento de retificação** e **procedimento de usucapião** – este último uma novidade introduzida pela Lei n. 13.105, de 16 de março de 2015 (Código de Processo Civil), em vigor desde 18 de março de 2016 (Brasil, 2015d).

Confira os detalhes a seguir.

7.1 Procedimento de dúvida

Apresentado o título e feita sua qualificação registral, há duas possibilidades: 1) em caso de juízo positivo da entrada do título no fólio real, o registrador procede às inscrições necessárias nos livros; 2) em caso de um juízo negativo, é apresentada a nota de exigências, na qual o oficial apresenta os motivos pelos quais o título foi devolvido. Pode ser a ausência de algum documento, como a falta de recolhimento dos tributos incidentes sobre a operação imobiliária ou, ainda, a falta de assinatura ou de reconhecimento de firma no título particular, ou seja, são defeitos sanáveis (Sarmento Filho, 2013, p. 379).

Por outro lado, é possível haver um vício absoluto, que pode impedir frontalmente o ingresso do instrumento na tábua registral, tal como no caso de estar apresentado em cópia ou tratar de negócio jurídico dispondo sobre herança de pessoa viva. Em caso de desqualificação, a Lei de Registros Públicos, em seu art. 198 (Brasil, 1973c), abre a possibilidade ao interessado de, mediante requerimento, instar o registrador a levantar o procedimento de dúvida para que, no âmbito administrativo, o juízo competente decida sobre a regularidade das exigências apresentadas.

Assim, o **procedimento de dúvida**, segundo Walter Ceneviva (1991, p. 346), é o "pedido de natureza administrativa, formulado pelo oficial, a requerimento do apresentante do título imobiliário, para que o juiz competente decida sobre a legitimidade de exigência feita, como condição do registro pretendido".

Uma vez que o termo técnico *dúvida* não significa incerteza ou receio, Ricardo Dip (2013b, p. 2013) entende que são três as acepções do vocábulo: juízo prudencial exercido pelo registrador, quando da negação de nascimento do direito real pela sua inscrição; fundamentação dos "vários juízos [...] que integram o antecedente silogismo prudencial registrário"; ou, ainda, o procedimento de recurso que questiona a regularidade da negativa registral, sob o ponto de vista formal.

O art. 204 da Lei de Registros Públicos dispõe sobre a natureza jurídica de procedimento de dúvida: trata-se de procedimento de natureza administrativa que resguarda as vias ordinárias para obter sua pretensão. Ocorre que, não obstante a previsão legal, sua classificação processual é controvertida.

A corrente representada por José Frederico Marques (1959, p. 295), Nicolau Balbino Filho (2012, p. 172), Eduardo Sócrates Castanheira Sarmento Filho (2013, p. 375) e Wanderley Racy (2013, p. 121), para citar alguns, entende que o procedimento de dúvida, apesar de ter natureza administrativa, é classificado como **procedimento de jurisdição voluntária**. José Frederico Marques (1959, p. 295) pode ser considerado o principal defensor dessa corrente:

> *O Procedimento de dúvidas de serventuários, que se verificam sobretudo em matéria de registro público, é também de jurisdição voluntária, visto que se trata de providência supletiva de administração judiciária de direito privado. Surgindo dúvida sobre ato de administração pública*

extrajudicial de direitos privados, que por lei está afeta a oficiais do registro, só a intervenção judiciária torna possível a efetivação da medida que a ordem jurídica considera imprescindível para regular a constituição ou mudança de relações de direito. Indubitável é, portanto, que se trata de casos de jurisdição voluntária, pois sem o ato judicial fica incompleta a exigência legal.

A principal característica que indica o procedimento de jurisdição voluntária é a intervenção do Poder Judiciário, mesmo que ausente o conflito entre as partes, para resolver determinada questão. É por isso que, na visão de Marques (1959), a dúvida que não implica divergência entre as partes requer a intervenção do Poder Judiciário para avaliar se a qualificação do registrador estaria de acordo as normas aplicáveis.

Do outro lado, Ricardo Dip (2013b, p. 1028) e Walter Ceneviva (1991, p. 362-363), entre outros, sustentam que, apesar de contar com similaridades, o procedimento de dúvida não é atividade jurisdicional, mas **administrativa**:

> *Ao prever a possibilidade de apelação no procedimento de dúvida, sem nesse âmbito disciplinar um processamento singular, a lei remete a matéria para o domínio do Código de Processo Civil. Se, pois, não há, com essa previsão do recurso de apelo, uma processualização da natureza administrativa da dúvida, há, contudo, quanto ao rito, uma interferência que atua como fator não isento de complicações. [...] Mas se essa apelação – recurso costumeiramente próprio para o espectro da jurisdição, contenciosa ou voluntária – é, em São Paulo, atribuído a julgamento de colegiado administrativo, o problema em outros Estados da Federação brasileira não se solve comodamente ao estabelecer a competência das câmaras judiciais, porque então se verifica que um colégio com*

jurisdição aprecie a devida matéria não jurisdicional.
(Dip, 2013b, p. 1028-1029)

De acordo com esse ponto de vista, a atividade de decisão no processo de dúvida é meramente administrativa, pois soluciona uma questão (a entrada ou não do título causal no cadastro imobiliário) que pertence, tão somente, à administração da atividade pública.

As cortes superiores no Brasil são titubeantes ao se inclinarem, de um lado ou de outro, no sentido de classificar processualmente a dúvida, apesar de afirmar a natureza administrativa do procedimento.

A principal característica que indica o procedimento de jurisdição voluntária é a intervenção do Poder Judiciário, mesmo que ausente o conflito entre as partes.

A propósito, em recente voto (de 26 de abril de 2016), o Ministro Marco Buzzi, do Superior Tribunal de Justiça (STJ), quando do julgamento do Recurso em Mandado de Segurança n. 39.236/SP, esclareceu: "A propósito, veja-se que, em regra, a dúvida registral detém natureza de procedimento administrativo, não jurisdicional, agindo o juiz singular, ou o colegiado, em atividade de controle da Administração Pública" (Brasil, 2016c).

Por outro lado, em 10 de junho de 2014, no Recurso Especial n. 1.418.189/RJ, o Ministro Sidnei Beneti firmou seu convencimento no seguinte sentido: "O processo de Dúvida Registral em causa possui natureza administrativa, instrumentalizado por jurisdição voluntária, não sendo, pois, de jurisdição contenciosa, de modo que a decisão, conquanto denominada sentença, não produz coisa julgada, quer material, quer formal" (Brasil, 2014e). E por esse caminho trilharam os antigos precedentes do Superior Tribunal Federal (STF), como no Recurso Especial n. 91.236/RJ, de 17 de março de 1981 (Brasil, 1981), e no Recurso Especial 84.151, de 8 de março de 1977 (Brasil, 1977).

A nosso ver, o procedimento de dúvida é um **processo administrativo**, com natureza administrativa, que se instrumentaliza com base no processo civil, mas que, nem por isso, pode ser caracterizado como procedimento de jurisdição – nem mesmo voluntária. Isso porque o procedimento e a decisão não estão submetidos à tutela jurisdicional do Estado, mas ao exercício de atividade tipicamente administrativa do Poder Público na análise da regularidade da atividade registral.

O prazo para seu requerimento é de 30 dias, tempo equivalente ao prazo de validade da prenotação levada a cabo no Livro Protocolo (Lei n. 6.015/1973, art. 205). A competência para esse procedimento é dada pelas normas de organização e divisão judiciárias de cada um dos estados. Em São Paulo, a competência para análise é dos juízos das varas cíveis em geral, no interior, e do juízo da 1º Vara de Registros Públicos, na capital. Na maioria das cidades no interior, a competência é dos juízes cíveis e, onde houver, a competência é do juízo da Vara de Registros Públicos.

O procedimento da dúvida é regulado do art. 198 ao art. 207 da Lei de Registros Públicos.

Tal competência, aliás, afasta a competência da Justiça Federal em casos em que a União tem interesse (Sarmento Filho, 2012, p. 11). São exceções somente as hipóteses descritas na Lei n. 5.972, de 11 de dezembro de 1973 (Brasil, 1973b), nos incisos I e II do art. 1º (registro de bens imóveis de propriedade da União) e na Lei n. 6.739, de 5 de dezembro de 1979 (Brasil, 1979a), no art. 8º-A, parágrafo 3º (retificação da matrícula, do registro ou da averbação de bens imóveis públicos).

No caso do recurso de apelação, as regras estaduais divergem. Em São Paulo e no Rio de Janeiro, as decisões colegiadas ficam a cargo do Conselho da Magistratura, que é órgão administrativo das cortes estaduais (Racy, 2013; Sarmento Filho, 2013). Já no Paraná, em Santa Catarina e no Mato Grosso (entre outros), a competência é das Câmaras Cíveis, as quais atuam prestando jurisdição.

O procedimento da dúvida é regulado nos arts. 198 a 207 da Lei de Registros Públicos. Além dessa previsão, existem casos específicos em que a legislação regula a ocorrência de dúvida, tais como, segundo Balbino Filho (2012, p. 157): na inscrição do bem de família (Lei n. 6.015/1973, art. 262); na inscrição de Registro Torrens* (Lei n. 6.015/1973, art. 280); na incorporação imobiliária (Lei n. 4.591/1964 – Lei de Condomínios e Incorporações, art. 32, parágrafo 6º); nas transferências e na constituição de direitos ou ônus sobre os valores mobiliários de sua emissão (Lei n. 6.404/1976 – Lei das Sociedades Anônimas, art. 103, parágrafo único); na aprovação de loteamento (Lei n. 6.766/1979 – Lei de Parcelamento do Solo, art. 18, § 2º).

---

* O sistema de registro denominado *Torrens* é utilizado na Austrália desde 1858. Esse nome foi dado em homenagem ao seu criador, Robert Richard Torrens, que era o registrador geral da colônia da Austrália (Balbino Filho, 2012, p. 252). Suas características são a utilização do fólio real e a presunção absoluta de veracidade. No Brasil, é admitido o Registro Torrens, o qual está regulado pelo art. 280 e seguintes da Lei n. 6.015/1973.

Exemplo de nota de exigências fundamentada*

9º REGISTRO DE IMÓVEIS DE CURITIBA

Rua Marechal Deodoro, 4726 – Fone: (41)3000-0101 Curitiba – Paraná

Lei n. 6.015/73, art. 205 – Cessarão automaticamente os efeitos da prenotação se, decorridos 30 (trinta) dias do seu lançamento no Protocolo, o título não tiver sido registrado por omissão do interessado em atender às exigências legais.

Lei n. 6.015/73, art. 198 – Havendo exigência a ser satisfeita, o oficial indicá-la-á por escrito. Não se conformando o apresentante com a exigência do oficial, ou não a podendo satisfazer, será o título, a seu requerimento e com a declaração de dúvida, remetido ao juízo competente para dirimi-la.

PROTOCOLO Nº 23.283, de 12/12/12

TÍTULO I: Doação com Reserva de Usufruto – Certidão expedida em 20/01/2013 da Escritura Pública de Doação com Reserva de Usufruto lavrada às folhas 061/062 pelo Cartório Distrital do Xaxim, desta Capital, acompanhada de guias de ITCMD (2) e declaração ITCMD Web.

TRANSMITENTES: João da Silva e sua esposa, Maria da Silva

ADQUIRENTES: Ana Claudia da Silva

IMÓVEL: Apartamento 405 do edifício Magnólia

MATRÍCULA: 4.532 desta Serventia

DEPÓSITO: R$850,70

TÍTULO 2: Extinção de Usufruto

IMÓVEL: Apartamento 405 do edifício Magnólia

MATRÍCULA: 4.532 desta Serventia

DEPÓSITO: R$ 0,00

O TÍTULO PROTOCOLADO NÃO FOI REGISTRADO/AVERBADO PELO(S) SEGUINTE(S) MOTIVO(S):

---

* Exemplo fictício

Título 1:
– Considerando que não consta na matrícula n. 4.532 a data de casamento e o regime de bens dos doadores João da Silva e Maria da Silva, deverá ser apresentada certidão de casamento, original ou fotocópia autenticada, em nome dos doadores, para devida averbação. (Fundamento Legal: art. 167, inciso II, alínea 5 e art. 246, § 1, ambos da Lei n. 6.015/73).

– Considerando que deixou de constar na escritura pública apresentada a data de casamento dos doadores João da Silva e Maria da Silva, e do donatário Ana Claudia da Silva, a referida escritura deverá ser retificada para que passe a constar tais informações. (Fundamento Legal: item 11.2.14, item V do Código de Normas da Corregedoria Geral da Justiça do Estado do Paraná).

– Considerando que as cláusulas restritivas (inalienabilidade, impenhorabilidade e incomunicabilidade) podem ser instituídas a termo ou condição; ou em caráter vitalício, mas não perpétuo, pois a perpetuidade da restrição torna o bem imoto na economia, prejudicando a circulação de riquezas, deverá ser retificada a escritura para que conste que os doadores gravam o imóvel com a cláusula de inalienabilidade em caráter vitalício.

– Efetuar o pagamento da diferença dos emolumentos registrais no valor aproximado de R$ 65,00. (Fundamento Legal: art. 14 da Lei n. 6.015/73).

Título 2:
– Para a realização da conferência e análise do título, e posterior efetivação do ato registral, primeiramente deverá ser registrado o Título 1, que contém as exigências sanadas.

*custas: R$ 5,21 referente à prenotação e buscas.

Obs.: Quando da apresentação da documentação ora solicitada, constatando-se divergência com a documentação já apresentada, nova exigência será formulada.

Conferido por: Eduardo (em 25 de janeiro de 2013)

Ciente em: ___/___/2013   Nome e assinatura:
[ ] Exigências satisfeitas:
[ ] Cessados os efeitos de prenotação.

Após o ingresso do título no Livro Protocolo e depois de realizada a qualificação registral, o oficial emite a nota de devolução (conforme consta no exemplo). Se o apresentante do título não concordar com as exigências realizadas, este deverá fazer requerimento ao registrador imobiliário, que não poderá negar-se a recebê-lo (Lei n. 8.935/1994, art. 30, XIII) e deverá dar seguimento ao procedimento de dúvida.

Recebido o requerimento, o oficial deverá anotar à margem do Livro Protocolo a ocorrência da dúvida e certificar no título a prenotação e a suscitação da dúvida, rubricando todas as folhas. Depois, será dada ciência das razões do indeferimento do registro do título ao apresentante, que deverá receber uma cópia da suscitação e a notificação para impugná-la, no prazo de 15 dias. Apresentada a impugnação ou não, todos os documentos serão remetidos ao juízo para julgamento. Tal procedimento está previsto no art. 198 da Lei de Registros Públicos.

Em regra, a desqualificação do instrumento apresentado deve se ater às hipóteses de validade, analisando se o título contém vícios intrínsecos ou extrínsecos, devendo-se utilizar a legalidade e a prudência para evitar a criação de barreiras intransponíveis ao registro. Trata-se, nas palavras de Serpa Lopes (citado por Sarmento Filho, 2013, p. 378), de "facilitar e não dificultar o acesso dos títulos ao registro, de modo que toda a propriedade imobiliária e todos os direitos sobre elas recaídos fiquem sob o amparo do regime de registro imobiliário e participem de seus benefícios".

Nessa linha, as hipóteses de anulabilidade do negócio jurídico (incapacidade relativa, erro, dolo, coação, lesão, estado de perigo e fraude contra credores) não devem ser objeto da análise da qualificação. Isso ocorre porque tal espécie de vícios não pode ser reconhecida de ofício e somente gera efeitos após seu reconhecimento pelo Poder Judiciário, conforme previsão do art. 177 do Código Civil (Sarmento Filho, 2013, p. 378).

Aliás, como apontado anteriormente, os títulos judiciais estão sujeitos à qualificação registral e, em caso de decisão negativa, podem ser objeto de dúvida* (Dip, 2013b, p. 1034). Contudo, conforme mencionado, a dúvida é procedimento de natureza administrativa e, como tal, deve sujeição às decisões tomadas em âmbito judicial, mesmo porque o art. 204 resguarda a via jurisdicional para o interessado (Dip, 2013b). E são nesse sentido os precedentes do STJ**, como se observa da ementa do Recurso em Mandado de Segurança n. 193/SP: "não é dado ao juiz correcional, no exercício de sua função administrativa, recusar cumprimento ao mandado de cancelamento do registro da arrematação, declarada nula por decisão proferida em feito jurisdicionalizado" (Brasil, 1992).

Vale destacar que, apesar de não prevista na Lei de Registros Públicos, a jurisprudência de São Paulo consolidou a utilização de dúvida inversa, como podemos verificar no parecer de lavra do Juiz Auxiliar da Corregedoria de São Paulo Dr. Jomar Juarez Amorim, no Processo CG 2010/128625 (São Paulo, 2011):

---

* Neste sentido, veja o excerto do voto do Ministro Antônio de Pádua Ribeiro no Conflito de Competência n. 30820/RO: "A respeito da controvérsia em debate já se ponderou que 'o oficial pode e deve suscitar dúvida, mesmo em se tratando de mandado judicial, toda vez que verifique situação tal a ferir os princípios de ordem pública norteadores do Registro Imobiliário. Não se trata de conceder ao oficial uma função revisora do ato judicial, mas de exigir que vele pela segurança e regularidade do registro público' (RT 594/98)" (Brasil, 2001b).

** Podemos citar: Conflito de Competência n. 30.820/RO, de relatoria do Ministro Antônio de Pádua Ribeiro, Segunda Seção, julgado em 22 de agosto de 2001 (Brasil, 2001b); Conflito de Competência n. 14.750/RS, de relatoria do Ministro Sálvio de Figueiredo Teixeira, Segunda Seção, julgado em 10 abril de 1996 (Brasil, 1996b); Recurso em Mandado de Segurança n. 193/SP, de relatoria do Ministro Sálvio de Figueiredo Teixeira, Rel. p/ Acórdão Ministro Fontes de Alencar, Quarta Turma, julgado em 4 de agosto de 1992 (Brasil, 1992).

> Não obstante a literalidade da Lei n. 6.015/73 (art. 198), é assente no Conselho Superior da Magistratura o cabimento da chamada dúvida inversa (Apelação n. 76.030-0/8, Rei. Des. Luís de Macedo, j. 8.3.01; [...]. Imprescindível que se faça a prenotação, como se reiterou mais recentemente (Apelação n. 1.096-6/6, Rel. Des. Ruy Camilo, j. 14.4.09; Apelação n. 754-6/2, Rel. Des. Gilberto Passos de Freitas, julgado em 9.10.07).

A jurisprudência fluminense é contrária a isso (Sarmento Filho, 2012, p. 9)*, embora atualmente seja admitida a dúvida inversa em alguns casos, conforme podemos observar no excerto da decisão proferida na Apelação em Processo de Dúvida n. 0001543-71.2014.8.19.0057, de lavra da Desembargadora Maria de Lourdes de Sá Ramos:

> No âmbito deste Tribunal, tem-se admitido a dúvida inversa em homenagem aos princípios da efetividade jurisdicional, da eficiência e da instrumentalidade das formas, consideradas as peculiaridades de cada caso, como, por exemplo, na hipótese de o oficial registrador, após formular as exigências e a parte as impugnar ou comprovar a impossibilidade de cumpri-las, não suscitar a dúvida. Nesse sentido: "... não se justifica exigir que a parte interessada promova medidas judiciais e administrativas para forçar o Oficial Registrador a suscitar a dúvida, quando pode dirigir-se ao Juízo competente (Registros Públicos) e iniciar o procedimento, no qual o Serviço de Registro de Imóveis será ouvido e prestará os esclarecimentos acerca da exigência formulada". (Rio de Janeiro, 2016b)

---

* Como atesta o seguinte caso: "SERVIÇO REGISTRAL. DÚVIDA INVERSA SUSCITADA EM FACE DO OFICIAL DO SERVIÇO NOTARIAL E REGISTRAL DO 2º OFÍCIO DE ARARUAMA. SENTENÇA QUE JULGOU EXTINTO O FEITO SEM RESOLUÇÃO DO MÉRITO. INCONFORMISMO. INTERPOSIÇÃO DE APELAÇÃO. AUSÊNCIA DE PREVISÃO LEGAL. NÃO CABIMENTO DA DÚVIDA INVERSA. FALTA DE INTERESSE E LEGITIMIDADE DA PARTE. ENTENDIMENTO DO STF. POSIÇÃO DA MELHOR DOUTRINA. MANUTENÇÃO DA SENTENÇA" (Rio de Janeiro, 2016d).

Impedir o procedimento de dúvida inversa não parece integrar-se com a previsão de inafastabilidade de acesso ao Poder Judiciário, constante na Constituição Federal (art. 5º, XXXV), e com o princípio da rogação. Por isso, tal entendimento, que anteriormente não era aceito, com certeza passará a se tornar corriqueiro.

O interessado, nesse procedimento, ao receber a nota de exigências, em vez de requerer ao registrador que seja arguida a dúvida, deve apresentar ao juízo competente um requerimento com as razões pelas quais discorda do indeferimento apresentado pelo registrador.

Existem críticas ao acolhimento da dúvida inversa (Dip, 2013b; Ceneviva, 1991), apesar de ela ser reconhecida por setores da doutrina (Balbino Filho, 2012, p. 167). Não obstante as críticas, o STJ proferiu uma decisão recente sobre sua inviabilidade, apresentada aqui com destaques:

> RECURSO ESPECIAL. PROCESSUAL CIVIL. AVERBAÇÃO NO REGISTRO DE IMÓVEIS. DESCUMPRIMENTO DE ORDEM JUDICIAL. SUSCITAÇÃO DE DÚVIDA INVERSA. NÃO CABIMENTO. COMPETÊNCIA DO JUÍZO CORREGEDOR.
> 1. A parte pretende a anulação ou a reforma do acórdão estadual para que seja ordenado o desentranhamento de mandado judicial juntado nos autos do agravo de instrumento com o efetivo cumprimento pelo registro de imóvel. **2. Inviável o acolhimento de pedido de dúvida inversa – formulado pelo particular –, pois se trata de prerrogativa do oficial de registro**. 3. Hipótese em que o serventuário registrador recusou-se a proceder ao cancelamento das averbações, pois entendeu necessário que a ordem judicial fosse transmitida via mandado, e não mediante ofício. 4. Manutenção do acórdão recorrido no sentido de que o descumprimento da ordem judicial deve ser dirimido pelo Juiz Corregedor do respectivo Registro de Imóveis.
> 5. Recurso especial não provido. (Brasil, 2016b, grifo nosso)

Além disso, é importante salientar que é necessária a intervenção de um advogado representando o interessado na impugnação ou em sede de recurso, conforme previsto no art. 1º, inciso I, da Lei n. 8.906, de 4 de julho de 1994 (Brasil, 1994a), obrigatoriedade esta admitida por grande parte da doutrina (Sarmento Filho, 2012, p. 15). Na mesma linha, atuando como fiscal da lei, a intervenção do Ministério Público é inafastável, pois tem inclusive legitimidade para recorrer.

Quanto à questão da legitimação no procedimento de dúvida, a redação legal pode causar certo embate. Isso porque o art. 198 da Lei de Registros Públicos aponta que é legitimado, para provocar o registrador a iniciar o procedimento de dúvida, o apresentante do título. O art. 199 da mesma lei determina que o interessado tem legitimidade para impugnar os argumentos da desqualificação, confirmando o entendimento do art. 13 da mesma lei.

Para fins do procedimento de dúvida, esses vocábulos se equivalem, tratando-se de entender que *apresentante* é necessariamente a pessoa que figura no título e, consequentemente, essa pessoa seria o *interessado* juridicamente no ingresso do título (Balbino Filho, 2012, p. 164). Todavia, parte da doutrina entende de forma diferente (Sarmento Filho, 2012, p. 8-9).

Importante ressaltar também que o registrador não tem interesse jurídico no procedimento (Ceneviva, 1991, p. 362), limitando-se a apontar as razões da desqualificação do instrumento. O papel do registrador predial, em suas razões, é de desinteresse e imparcialidade, pois o juízo – positivo ou negativo – da qualificação não atinge a esfera de direitos do registrador. Sua função, na condição de patrocinador da segurança jurídica, é garantir que a mutação jurídico-real somente ocorra em casos de completa regularidade. É exatamente por isso que não ele não tem legitimidade recursal, nos termos do art. 202 da Lei de Registros Públicos. A legitimidade recursal é do interessado, do Ministério Público e do terceiro prejudicado. Nas palavras de Walter Ceneviva (1991, p. 359):

[é de] todo aquele que possa demonstrar prejuízo consequente da realização do registro ou de sua vedação. Dito prejuízo há de ser evidenciado como condição de seu ingresso nos autos, como, por exemplo, na aplicação do artigo 253. Deve provar o nexo de interdependência entre seu interesse de intervir e a relação jurídica submetida à apreciação judicial.

Caso exista interesse jurídico para recorrer, deve ser reconhecido o direito do terceiro prejudicado para que este ingresse em todas as fases do procedimento de dúvida (Ceneviva, 1991, p. 360). Caso seja julgada procedente, os documentos serão devolvidos à parte e a prenotação será cancelada, devendo o interessado arcar com as custas do procedimento. Frisamos que não há condenação em honorários advocatícios, por se tratar de procedimento administrativo (Racy, 2013, p. 1235). Sendo julgada improcedente, serão reapresentados os documentos juntamente com a decisão – ou certidão – dela, e o registrador deverá proceder ao registro do título e à anotação da decisão no Livro Protocolo. Neste último caso, não são devidas custas pelo agente delegado, pois, como já afirmamos, não tem interesse jurídico na demanda.

> *O papel do registrador predial, em suas razões, é de desinteresse e imparcialidade, pois o juízo – positivo ou negativo – da qualificação não atinge a esfera de direitos do registrador.*

Ressaltamos que, enquanto estiver pendente de julgamento o processo de dúvida, a prenotação do título no Livro n. 1 permanecerá vigente. Se procedente, ela será cancelada; se for improcedente, a inscrição será realizada, retroagindo os efeitos até a data de ingresso do título, para fins de prioridade (Ceneviva, 1991, p. 365).

7.2 Procedimento de retificação

O procedimento de retificação decorre da inexistência de adoção do princípio da presunção de fé pública absoluta dos cadastros registrais, existentes no ofício imobiliário. Em decorrência da eventual existência de erros, originados de equívocos da descrição dos imóveis ou da transposição de dados dos títulos apresentados pelas partes, existentes no sistema anterior ao Ordenamento de Registros Públicos de 1973, desde o Código Civil de 1916 restou prevista a correção de tais dados pelo procedimento de retificação.

O art. 1.247 do Código Civil vigente (Brasil, 2002) reiterou a previsão do Código Civil anterior e do texto similar existente no art. 212 da Lei de Registros Públicos. Em síntese, o interessado poderá solicitar a anulação ou retificação do ato se o conteúdo do registro não expressar a verdade.

Isso porque a busca por segurança jurídica dos direitos reais inscritos deve sempre se pautar pela atenção à máxima fidelidade entre a situação real e a situação existente na tábua registral. Aqui, a qualificação predial passa a ser profunda (Augusto, 2013b, p. 289), devendo o oficial imobiliário, porém, evitar excessos e discricionariedade que atravanquem, sem motivo, a regularização do fólio real, sempre balizando sua qualificação na lei e na prudência (Dip, 2013b).

> A **retificação do registro** é dividida em três categorias: **retificação negativa** (supressão de dados incorretos que não deveriam constar no documento); **retificação positiva** (inserção de informações que foram omitidas); e **retificação mista** (correção de informações equivocadas) (Dip, 2013a, p. 992).

Ao contrário do procedimento de dúvida, aqui há um procedimento de jurisdição voluntária, corroborando tal entendimento a jurisprudência do STJ*. Tal feição é assumida quando o processo tramita no juízo da Vara de Registros Públicos ou, quando esta é inexistente, no juízo competente de acordo com a Lei de Organização e Divisão Judiciária de cada estado. Quando interposto perante o registrador predial (desde a vigência da Lei n. 10.931/2004), o processo tem natureza de procedimento administrativo (Lei n. 6.015/1973, art. 212).

A escolha pelo procedimento judicial ou extrajudicial fica a cargo do interessado. Contudo, em caso de impugnação fundamentada por parte do confrontante ou de terceiro interessado, o registrador deverá remeter os autos ao juízo competente para processamento do feito (Lei n. 6.015/1973, art. 213, parágrafo 6º).

Desde logo é necessário esclarecer que o processo de retificação não é apto para extinguir, modificar ou constituir direito real, mas tão somente sanar os vícios no tocante à especialização, ou seja, à descrição do bem, aos dados das partes e à especialidade do direito (Augusto, 2013b, p. 291). Em casos de divergência entre as partes (interessado, confrontantes e terceiros) que se refira a direito real, é necessária a utilização das vias ordinárias para a solução

---

* Segue precedente do STJ: "RECURSO ESPECIAL. RETIFICAÇÃO DE REGISTRO IMOBILIÁRIO. ARTIGO 213, INCISO I, ALÍNEAS 'D' E 'E', DA LEI N. 6.015./1973. [...] .1. Cuida-se, na origem, de ação de retificação de matrícula de imóvel (jurisdição voluntária), objetivando a correta delimitação do bem registrado, em que foi equivocadamente indicada pessoa para ser citada como suposta proprietária de área confrontante. [...] 4. Recurso especial parcialmente provido" (Brasil, 2015g).

do conflito (Lei n. 6.015/1973, art. 213, parágrafo 6º)*. Em outras palavras, a cognição do procedimento retificatório é limitada.

> Segundo a classificação de Eduardo Agostinho Arruda Augusto (2013b), o procedimento de retificação extrajudicial pode ocorrer nas seguintes modalidades: retificação de ofício; retificação por simples requerimento; retificação pelo procedimento sumário; e retificação pelo procedimento ordinário.

A **retificação de ofício** está prevista no inciso I do art. 213 da Lei de Registros Públicos, incluído pela Lei nº 10.931, de 2 de agosto de 2004 (Brasil, 2004):

> Art. 213. [...]
> [...]
> a) omissão ou erro cometido na transposição de qualquer elemento do título;
> b) indicação ou atualização de confrontação;
> c) alteração de denominação de logradouro público, comprovada por documento oficial;

---

* Segue excerto da ementa: "AGRAVO REGIMENTAL EM RECURSO ESPECIAL – AÇÃO DE RETIFICAÇÃO DE REGISTRO PÚBLICO – PROCEDIMENTO DE JURISDIÇÃO VOLUNTÁRIA – OFERECIMENTO DE IMPUGNAÇÃO FUNDAMENTADA – ALEGAÇÃO DE INVASÃO DE FAIXA DE TERRA – REMESSA DAS PARTES ÀS VIAS ORDINÁRIAS DETERMINADA PELA CORTE DE ORIGEM [...]. 1. Existindo impugnação fundamentada e dúvida sobre a área, que depende da produção de provas, inviável a retificação do registro, previsto no Art. 213 da Lei 6.015/73. (AgRg no REsp 547.840/MG, Rel. Ministro Humberto Gomes de Barros, Terceira Turma, DJ 7/01/2005) 2. Agravo regimental desprovido" (Brasil, 2014b).

> d) retificação que vise a indicação de rumos, ângulos de deflexão ou inserção de coordenadas georreferenciadas, em que não haja alteração das medidas perimetrais ou de área, instruída com planta e memorial descritivo que demonstre o formato da área, assinado por profissional legalmente habilitado, com prova de anotação de responsabilidade técnica no Conselho competente, dispensada a anuência de confrontantes; (Redação dada pela Medida Provisória nº 759, de 2016)
> e) alteração ou inserção que resulte de mero cálculo matemático feito a partir das medidas perimetrais constantes do registro, instruído com planta e memorial descritivo demonstrando o formato da área, assinado por profissional legalmente habilitado, com prova de anotação de responsabilidade técnica no competente Conselho, dispensada a anuência de confrontantes; (Redação dada pela Medida Provisória nº 759, de 2016)
> f) reprodução de descrição de linha divisória de imóvel confrontante que já tenha sido objeto de retificação;
> g) inserção ou modificação dos dados de qualificação pessoal das partes, comprovada por documentos oficiais, ou mediante despacho judicial quando houver necessidade de produção de outras provas; [...]. (Brasil, 1973c)

Devemos salientar que a retificação *ex officio* deve se dar com cautela e prudência, isso porque eventuais correções podem vir a causar prejuízos a terceiros de modo a vulnerar a segurança jurídica inata à função social dos registros públicos. Por exemplo, a "inserção de CPF não existente no título (situação como nos antigos registros) deve ser feita de ofício, mas a correção do nome, quando há fundada dúvida se realmente se trata da mesma pessoa, somente mediante um procedimento judicial específico" (Augusto, 2013b, p. 294).

A **retificação por simples requerimento** abrange as mesmas hipóteses da retificação por ofício. Para o registrador predial, tal modalidade de retificação traz mais segurança que a retificação de ofício, pois atua por requerimento da parte interessada e com base em informações e documentos por ela fornecidos. Caso se vislumbre eventual prejuízo a terceiro e se existir dúvida razoável, o pedido deverá ser indeferido, abrindo-se sempre a possibilidade de o interessado requerer o procedimento de dúvida.

O **procedimento sumário** é realizado quando existe necessidade de alteração na descrição do imóvel, sem que se vislumbre a existência de potenciais danos a terceiros. Tal procedimento está previsto nas alíneas "d", "e" e "f" do inciso I do art. 213 da Lei de Registros Públicos, conforme consta no excerto supracitado.

Nesses casos, para se comprovar a desconformidade do cadastro imobiliário com a realidade fática, o interessado deve anexar ao seu requerimento a planta, o memorial descritivo e a anotação de responsabilidade técnica (Augusto, 2013b). Munido desses documentos, o registrador predial deve analisar os dados constantes na matrícula e se os dados complementares informados pela parte têm correspondência, ou se dão margem a dúvidas. Caso haja incerteza, o registrador deverá desqualificar o título e emitir nota de exigência, para que o procedimento se ajuste às normas do inciso II do artigo mencionado.

O **procedimento ordinário** é utilizado para os casos em que as alterações pretendidas pela parte possam vir a causar prejuízos a terceiros e a eventuais direitos dos imóveis confrontantes. É exatamente por isso que a lei determina a necessidade de intervenção dos eventuais interessados (contraditório), sendo esta a principal diferença entre o procedimento sumário e ordinário (Augusto, 2013b, p. 296).

O procedimento ordinário garante maior segurança pela participação de todos os interessados. Por tal razão, os oficiais de registro procedem à regularização das falhas existentes nos cadastros imobiliários por meio dele.

A norma prevê quais documentos devem ser apresentados ao registrador: requerimento do interessado, planta e memorial descritivo assinado por profissional habilitado (Conselho Regional de Engenharia e Agronomia – Crea ou Conselho de Arquitetura e Urbanismo – CAU) e pelos confrontantes, com a emissão da competente anotação de responsabilidade técnica ou registro de responsabilidade técnica (ART/RRT).

Caso tais documentos tenham sido reunidos pelo interessado, o parágrafo 1º do art. 213 da Lei n. 6.015/1973 determina que o oficial deverá dar seguimento ao registro. É com base nesses documentos que o registrador deverá fazer a qualificação registral do procedimento retificatório (e somente neles). Vale destacar que existem posições contrárias a esse entendimento, no sentido de que o agente delegado pode pedir novos documentos e, não sendo estes reunidos, ocorrerá a desqualificação do requerido.

O procedimento sumário é realizado quando existe necessidade de alteração na descrição do imóvel, sem que se vislumbre a existência de potenciais danos a terceiros.

Ademais, apesar de a norma determinar que a planta e o memorial descritivo devem estar assinados pelos confrontantes, a jurisprudência dos juízos e dos tribunais estaduais flexibilizam tal entendimento, possibilitando que seja entregue uma declaração denominada *carta de anuência*, com a assinatura reconhecida dos confrontantes, desde que tal documento contenha a completa descrição do imóvel (Augusto, 2013b, p. 298).

Assim, basta que se assine a planta, o memorial ou a carta de anuência para viabilizar o procedimento da intervenção dos confrontantes. Nesse sentido, portanto, é desnecessária a notificação ou a citação dos proprietários dos imóveis lindeiros, conforme assinala Augusto (2013b, p. 409-410):

> *A anuência de confrontante serve para prevenir litígios que tenham por objeto os limites das propriedades confinantes. Apenas e tão somente isso. E essa anuência não necessita de maiores rigores, tanto que a lei aceita a simples anuência de um único condômino no caso de imóvel vizinho ser de titularidade múltipla. [...] Por fim, convém esclarecer que o artigo 213 não exige a anuência de confrontante para possibilitar a continuidade do procedimento e o deferimento da retificação. O que a lei exige é a ausência de impugnação. A coleta de anuências é uma providência de iniciativa do requerente da retificação que, se corretamente efetuada, dispensa a notificação do confrontante.*

Juntamente com a doutrina está o entendimento da jurisprudência do Tribunal de Justiça de São Paulo, que também faculta a exibição de anuência expressa, ou seja, dispensa a citação dos confrontantes e também dos alienantes (São Paulo, 2013a, 2015a).

O STJ, ao analisar o procedimento de retificação administrativa (quando do julgamento do Recurso em Mandado de Segurança n. 40.022/SP, por meio do voto do Ministro Herman Benjamin), fixou que a retificação será feita mediante requerimento do interessado inclusive quando houver alterações na medida perimetral (para mais ou para menos). Para isso, devem constar a planta e o memorial descritivo (assinado por profissional legalmente habilitado) e as assinaturas, conforme previsto em lei, de todos os confrontantes. Porém, caso não conste a assinatura de algum dos confrontantes ou de eventuais interessados, o registrador deverá prosseguir com sua notificação, para que se manifeste de forma fundamentada no prazo de 15 dias (Brasil, 2014f).

De acordo com o parágrafo 2º do art. 213 da Lei de Registros Públicos, a notificação pode ser realizada por envio de carta com aviso de recebimento, pessoalmente – pelo registrador ou escrevente autorizado – ou, ainda, por requerimento ao registrador do ofício de título e documentos, o qual detém a competência legal para realizar notificações extrajudiciais (art. 160). Caso o confrontante não seja localizado, procede-se à notificação por meio de editais.

Assim, é preciso sublinhar algumas questões de ordem prática relativas à legitimidade do confrontante para anuir com a retificação. Caso o imóvel objeto da regularização tenha diversos proprietários, a doutrina majoritária entende ser necessária a anuência de todos (Augusto, 2013b, p. 399), ou seja, todos devem assinar o requerimento, sob pena de indeferimento.

> *O procedimento ordinário é utilizado para os casos em que as alterações pretendidas pela parte possam vir a causar prejuízos a terceiros e a eventuais direitos dos imóveis confrontantes.*

Sendo o confrontante casado, é desnecessária a anuência do cônjuge – isso apesar de entendimentos em sentido contrário, que se baseiam no Código de Processo Civil (Lei n. 13.105/2015, art. 73; Lei n. 6.015/1973, art. 10). Porém, o Código Civil somente determina a intervenção dos cônjuges nos casos de realização de negócio jurídico que importe em alienação ou gravação de ônus real junto a imóveis. Além disso, se para o condomínio é necessário que somente um dos coproprietários dê anuência, no caso do condomínio civil (Lei n. 6.015/1973, art. 213, parágrafo 10), é desnecessário exigir a anuência do cônjuge (Augusto, 2013b, p. 400). Ademais, são confinantes do imóvel tanto os proprietários dos imóveis contíguos como seus eventuais ocupantes. Diante disso, a juntada do título causal da ocupação do possuidor sana a necessidade de obter a anuência do proprietário dominial. Aliás, "a lei diz ocupante, ou seja, não exige 'posse ad usucapionem' nem qualquer outro requisito" (Augusto, 2013b, p. 402).

Outra situação é a modificação ocorrida com a Lei n. 12.424, de 16 de junho de 2011, que incluiu o parágrafo 16 do art. 213 da Lei de Registros Públicos (Brasil, 2011). Ficou definido que somente se entende por *confrontante* o proprietário do imóvel cuja linha for alcançada pela alteração da medida. Assim, sendo retificada somente a linha esquerda do imóvel, apenas o proprietário desse lote deverá anuir com a alteração.

Sendo frutífera a notificação do confrontante, este poderá apresentar impugnação fundamentada, concordar com o requerimento de retificação ou permanecer em silêncio, hipótese que gera a presunção de concordância tácita (Augusto, 2013b, p. 299). Caso não haja impugnação, o oficial dará seguimento à retificação, cancelando a matrícula anterior e criando uma nova, com a nova descrição, transportando todos os ônus existentes na matrícula anterior. No entanto, em caso de impugnação, o oficial deverá analisá-la e verificar se ela é procedente, comprovando a falha do requerimento do interessado – verá se são necessários outros documentos a serem apresentados pelo interessado ou se ela é improcedente (Augusto, 2013b, p. 305-306). Da manifestação do confrontante o oficial cientificará o interessado na retificação e determinará sua manifestação no prazo de cinco dias.

A Lei n. 6.015/1973 previu (parágrafo 12) que o registrador poderá realizar diligências externas, visando especialmente verificar a situação dos confrontantes e da localização do imóvel na quadra apontada pelo requerente. Em caso de dúvida infundada, ou seja, sem que se tenha trazido ao procedimento qualquer indício ou prova de suas alegações, poderá o registrador predial prosseguir com seu registro*.

Contudo, se for comprovada alguma irregularidade nos documentos analisados, tais falhas serão cientificadas por meio de nota de exigências. Se forem vícios absolutos, o registrador deverá qualificar negativamente a pretensão da parte (Augusto, 2013b, p. 307). Caso a impugnação esteja devidamente fundamentada e não tendo as partes chegado a uma transação (Lei n. 6.015/1973, parágrafo 6º), mesmo que o oficial tenha chegado a um juízo de regularidade por parte do interessado na retificação, deverá ele remeter os documentos ao juízo competente, o qual deverá apreciar as questões envolvidas.

Importante alteração legal se deu com a publicação da Lei Federal n. 13.838/2019, que incluiu o parágrafo 13 no artigo 176 da Lei Federal n. 6.015/1973, tornando desnecessária a anuência dos confrontantes para realização de procedimentos de desmembramento, parcelamento ou remembramento de imóveis rurais, via georreferenciamento. A justificativa legislativa para tal modificação foi a busca pela simplificação do procedimento e dar maior agilidade à regularização fundiária no país. Podemos citar a justificativa apresentada pelo Dep. Irajá Abreu, autor do Projeto de Lei 7.790/2014:

---

* Segundo a nota do item 138.19, II, das Normas de Serviços da Corregedoria Geral de Justiça para os Serviços Extrajudiciais do Estado de São Paulo: "Consideram-se infundadas a impugnação já examinada e refutada em casos iguais ou semelhantes pelo Juízo Corregedor Permanente ou pela Corregedoria Geral da Justiça; a que o interessado se limita a dizer que a retificação causará avanço na sua propriedade sem indicar, de forma plausível, onde e de que forma isso ocorrerá; a que não contém exposição, ainda que sumária, dos motivos da discordância manifestada; a que ventila matéria absolutamente estranha à retificação; e a que o Oficial de Registro de Imóveis, pautado pelos critérios da prudência e da razoabilidade, assim reputar" (São Paulo, 1989).

> "Entretanto, apesar de necessário, todos sabem que o processo em si [de georreferenciamento dos imóveis rurais] é muito dispendioso e demorado, sendo que, não raras vezes, a maior dificuldade é conseguir as assinaturas de todos os confinantes, dificultando, assim, a ação daqueles que querem regularizar a situação de seu imóvel".

Isso porque, anteriormente à publicação da referida Lei Federal 13.838/2019, os Registradores entendiam que para realização do georreferenciamento era necessária a colheita da anuência dos confinantes, utilizando-se da interpretação analógica do artigo 213 da Lei de Registros Públicos.

Agora, o parágrafo 13 do artigo 176 dispensa a anuência dos confrontantes nos casos de desmembramento, parcelamento ou remembramento de imóveis rurais, via georreferenciamento, sendo suficiente que o proprietário firme declaração informando que respeitou os limites e confrontações dos demais imóveis. Neste particular, o Registrador não poderá entrar no mérito se há ou não adequação das medidas perimetrais, bastando exigir a declaração do requerente.

Contudo, é importante destacar que a nova legislação autorizou tal dispensa somente nos casos de transformação da descrição não georreferenciada do imóvel para aquela georreferenciada. Portanto, caso seja constatado erro ou equívoco nas medidas existentes, é necessário obedecer ao procedimento da retificação, previsto no artigo 213 da Lei Federal n. 6.015/1973, que demanda a anuência dos confrontantes. Foi exatamente neste sentido a Recomendação do Conselho Nacional de Justiça 41/2019.

Merece destaque especial a retificação das medidas perimetrais que cause eventual aumento de área. No entendimento de Augusto (2013b, p. 380), a "retificação não se presta a alterar a dimensão do imóvel, quer para mais ou para menos, exceto em situações jurídicas especialíssimas permitidas pelo ordenamento jurídico (aluvião, abertura de estradas, alargamento de parcela do imóvel por representa, entre outras hipóteses".

É preciso salientar, entretanto, que a interpretação do referido autor não parece correta. Sabe-se que a legislação brasileira acerca do princípio da especialidade tem apenas 46 anos e, nesse ínterim, diversas normas surgiram para efetivar a correta descrição dos imóveis, considerando-se que o trânsito dos imóveis no Brasil decorre de gerações. Portanto, ainda há, nos ofícios imobiliários, transcrições e matrículas que não obedeceram ao mencionado princípio, razão pela qual contêm diversas falhas, seja na descrição do imóvel, seja no tocante aos dados identificadores dos detentores daquele direito real.

Outros, antes da Lei de 1973, adquiriram imóveis com corpo certo, tal qual facultava o art. 1.136 do Código Civil de 1916, disposição repetida no parágrafo 3º do art. 500 do Código Civil vigente. Trata-se da venda *ad corpus* e da venda *ad mensuram*. No primeiro caso, em que as medidas eram enunciativas e o imóvel era vendido como corpo certo e discriminado, as medidas podiam "variar acidentalmente com os critérios e instrumentos de medição" (Carvalho, 1998, p. 145).

Nesse sentido, a retificação de área que importe em aumento/diminuição da área tabular – e que, logicamente, não significa aquisição/alienação do imóvel lindeiro –, mas que seja realizada intramuros, é perfeitamente possível. Nesse sentido, José Frederico Marques (2013, p. 622) pontua:

> *O vulto da diferença de área, longe de ser causa impeditiva da retificação, apresenta-se ao revés, como fato ponderável para que se retifique o que se contém no registro [...]. Enunciativa ou não, a menção à área, o erro nela contido é de tal porte e vulto que não se pode ficar sem emenda e reparo, ainda que a aquisição se revista da forma 'ad corpus', a fim de prevenir futuros litígios sobre a verdadeira superfície e extensão da gleba.*

Esse entendimento, ademais, é referendado pelo STJ, conforme é possível verificar nas ementas transcritas a seguir, que remontam ao julgamento assumido desde a década de 1990:

AGRAVO REGIMENTAL. AGRAVO EM RECURSO ESPECIAL. LEI DE REGISTROS PÚBLICOS. RETIFICAÇÃO DE REGISTRO DE IMÓVEL. LEI 6.015/73, ART. 213. VIA JUDICIAL. POSSIBILIDADE; 1. Possibilidade de processamento da retificação de registro público de imóvel pelas vias judiciais, caso tenha sido impugnado na via administrativa. 2. Ausência de impugnação ao fundamento do acórdão recorrido de que o aumento da área de propriedade da autora não afeta desfavoravelmente a propriedade do ora recorrente, além de os proprietários das demais propriedades atingidas não se oporem. Incidência dos óbices das súmulas 7 e 283/STF. 3. "A ação de retificação de registro, proposta pelo procedimento da jurisdição voluntária, objetiva apenas a correção na descrição do imóvel, contudo, não havendo impugnação dos demais interessados, é possível seja acrescida área ao imóvel adquirido, desde que constatada imprecisão no título aquisitivo acerca da extensão do bem" (REsp 54.877/SP, Rel. Ministro Antônio de Pádua Ribeiro, julgado em 18/08/2005) 4. Agravo regimental não provido. (Brasil, 2016a)

CIVIL E PROCESSUAL. IMÓVEL RURAL. REGISTRO. PEDIDO DE RETIFICAÇÃO PARA DUPLICAÇÃO DA ÁREA ORIGINAL, SEM MODIFICAÇÃO NOS LIMITES DESCRITOS NO TÍTULO. CONCORDÂNCIA DOS CONFRONTANTES INTERESSADOS E DA VENDEDORA DO IMÓVEL. IMPUGNAÇÃO DO MINISTÉRIO PÚBLICO ESTADUAL. LEI DE REGISTROS PÚBLICOS, ARTS. 212 E 213. EXEGESE. DISSÍDIO NÃO CONFIGURADO. I. Possível a retificação, mediante processo de jurisdição voluntária, da área de imóvel rural, ainda que substancial, se a hipótese se enquadra na previsão do art. 213 da Lei n. 6.015/1973, e há anuência de todos os interessados, como os confrontantes e a vendedora da terra, inclusive. II. Recurso especial conhecido em parte e provido. (Brasil, 2010)

PROCESSUAL CIVIL E CIVIL. REGISTROS PÚBLICOS.
RETIFICAÇÃO DE REGISTRO DE IMÓVEL. ART. 213 DA
LEI N. 6.015/73. ACRÉSCIMO DE ÁREA. AUSÊNCIA DE
OPOSIÇÃO DE TERCEIROS INTERESSADOS. PROCEDIMENTO
SIMPLIFICADO. ADEQUAÇÃO DA VIA ELEITA. 1. O procedimento de retificação, previsto no art. 213 da Lei n. 6.015/73 (Registros Públicos), para compatibilizar o registro de imóvel às suas reais dimensões, ainda que implique em acréscimo de área, é plenamente adequado se ausente qualquer oposição por parte de terceiros interessados. 2. Adequação da via eleita. Precedentes do STJ. 3. Recurso especial conhecido e provido. (Brasil, 2008a)

Processual civil. Recurso especial. Retificação de registro imobiliário. Jurisdição voluntária. Acréscimo de área. Possibilidade. Ausência de impugnação dos interessados. Extensão da área não definida. – A ação de retificação de registro, proposta pelo procedimento da jurisdição voluntária, objetiva apenas a correção na descrição do imóvel, contudo, não havendo impugnação dos demais interessados, é possível seja acrescida área ao imóvel adquirido, desde que constatada imprecisão no título aquisitivo acerca da extensão do bem. Recurso especial conhecido e provido. (Brasil, 2005c)

Registro de imóveis. Retificação. Área maior. No procedimento de retificação, previsto nos artigos 213 e 214 da Lei de Registros Públicos, não importa a extensão da área a ser retificada, desde que os demais requisitos estejam preenchidos. Inexistente a impugnação válida, não há lide e, por conseguinte, desnecessária a remessa às vias ordinárias, sendo o procedimento administrativo o previsto para a análise de retificações de registro, de acordo com o que dispõe o artigo 213, § 4º da LRP. (Brasil, 1999)

Observamos que em todas as decisões supracitadas, a Corte Superior de Justiça entende que é possível a retificação da área do imóvel, pois, ao contrário do que entendem alguns, não se trata de acréscimo ou aquisição sem as devidas exigências legais, mas da regularização de uma situação existente dentro dos muros do imóvel. Isso porque, até algumas décadas atrás, carecíamos de instrumentos precisos para a medição dos imóveis e a lei também não exigia a precisão das metragens, fato que desaguava nos registros de imóveis que acabavam por realizar a inscrição de títulos imprecisos. Portanto, ainda hoje se faz necessária a regularização de tais situações por meio da retificação.

Examinado o procedimento de retificação, analisaremos o novo procedimento administrativo criado pelo Código de Processo Civil de 2015: a usucapião extrajudicial.

7.3 Procedimento de usucapião extrajudicial

A Lei de Registros Públicos sofreu uma grande alteração com a edição do Código de Processo Civil de 2015: a possibilidade de reconhecimento de usucapião pela via extrajudicial, normatizado pelo art. 216-A. A usucapião deixou de figurar como procedimento especial de jurisdição contenciosa (Livro IV, Título I, Capítulo VII, do Código de Processo Civil de 1973) para se encaixar no molde de procedimento ordinário declaratório, com menções no art. 246, parágrafo 3º, e no art. 259, inciso I, do Código de Processo Civil vigente.

O procedimento foi regulamentado pelo Conselho Nacional de Justiça no âmbito nacional, por meio do Provimento 65/2017. Nele foram trazidas as principais normas gerais para o procedimento.

Inclusive, as normas estaduais* tiveram de se adequar a tais normativas, seja por meio de normas autônomas ou pela inclusão das tratativas em seus Códigos de Normas.

Traçaremos alguns paralelos entre a norma legal e o Provimento 65/2017 do Conselho Nacional de Justiça.

Para o **requerimento de usucapião extrajudicial** são necessários alguns **requisitos**. Primeiramente, precisa-se de um requerimento assinado pelo interessado, representado por advogado. Esse requerimento, uma **petição** dirigida ao oficial predial, deve conter a exposição dos fatos, como a forma de aquisição, a data do início, os esclarecimentos relativos a eventuais antecessores da posse e a descrição do imóvel objeto da usucapião (na forma do art. 225 da Lei de Registros Públicos), bem como a informação de que a posse é justa, mansa e pacífica, de boa-fé. Também deve apresentar a fundamentação jurídica e declinar o tipo de usucapião que se pretende ver reconhecida. Por fim, é necessário constar o pedido de que o pleito seja prenotado; que sejam notificados eventuais interessados e as Fazendas; que haja a publicação de editais e o reconhecimento do pedido por parte do registrador; e a competente abertura de matrícula.

Além da peça, deve ser apresentada uma **ata notarial**, lavrada por tabelião (na maioria dos regulamentos, de livre escolha da parte). Nessa ata notarial, denominada *ata notarial de justificação de posse*,

---

* Rio Grande do Norte – Código de Normas artigos 455 à 472; Ceará – Provimento n. 3, de 1º de agosto de 2016; São Paulo – Normas de Serviços Cartórios Extrajudiciais item 416 à 425; Minas Gerais – Código de Normas artigo 1.157 a 1.166; Rio de Janeiro – Provimento n. 23, 11 maio de 2016; Bahia – Provimento Conjunto n. CGJ/CCI – 4, de 15 de abril de 2016; Santa Catarina – Circular n. 26, de 15 de março de 2016; Acre – Código de Normas artigos 1.062 à 1.069.

devem ser mencionados todos os documentos apresentados ao notário – por exemplo, justo título (instrumento particular, instrumento público), comprovantes de pagamento de tarifas, pagamentos de tributos, pagamento do preço do imóvel, fotografias, enfim, nela deve constar todo tipo de provas que possam atestar o tempo de posse do requerente e, se for o caso, de seus antecessores.

Além disso, deverá constar a descrição do imóvel, indicando a existência de construções, benfeitorias ou acessões. Deve-se apontar as características da posse, origem, tempo, exercício, a modalidade de usucapião pretendida e indicação do dispositivo legal que a fundamenta. Ainda, deve-se indicar qual o número de imóveis atingidos, sua localização e indicação da circunscrição onde está inscrito. Por fim, deve-se indicar o valor do imóvel.

É possível que o processo conte com mais de uma ata notarial, podendo complementar aquela dita originária (parágrafo 7º, art. 4º, Provimento 65/2017). O notário poderá comparecer no imóvel, tirar fotografias e colher depoimento de testemunhas, não sendo possível basear-se unicamente nas declarações do requerente (parágrafos 1º e 2º, art. 5, Provimento 65/2017).

É imprescindível que conste advertência de que tanto o requerente como as testemunhas se responsabilizam pelas declarações firmadas no ato, podendo incorrer no crime de falsidade. Ainda deve constar a advertência de que a ata notarial não tem valor de confirmação ou estabelecimento de propriedade, mas que servirá como instrução do requerimento para fins de usucapião extrajudicial (parágrafo 3º, art. 5º, Provimento 65/2017).

Tanto na previsão legal da Lei de Registros Públicos quanto no Provimento do Conselho Nacional de Justiça é indicada a imperatividade da juntada de planta e do memorial descritivo assinado pelo requerente e pelos titulares de outros direitos registrados/averbados na matrícula do imóvel usucapiendo e na matrícula dos imóveis confinantes, bem como pelo profissional legalmente habilitado (Crea/

CAU), com prova de anotação de responsabilidade técnica (ART/ RRT). É possível utilizar a carta de anuência, com firma reconhecida ou escritura pública de reconhecimento de posse para fins de usucapião.

Conforme pode ser observado na redação da Lei n. 6.015/1973, é imprescindível a juntada de certidões negativas dos distribuidores da comarca da situação do imóvel e do domicílio do requerente, dando conta da inexistência de ações reais, pessoais e reipersecutórias em nome dos requerentes e de seus sucessores.

A referida lei ainda determina a juntada do justo título ou de outros documentos que demonstrem a origem, a continuidade, a natureza e o tempo da posse, de acordo com a modalidade de usucapião pretendida. Aqui o Conselho Nacional de Justiça inclusive indica quais seriam exemplos de justos títulos passíveis de demonstrar a aquisição da posse: compromisso de compra e venda, cessão de direitos, pré-contratos e procuração pública em causa própria, conforme podemos observar o art. 13 do Provimento 65/2017. Nesses casos, deve-se indicar qual o impedimento para inscrição do título e ainda fazer prova do efetivo pagamento do preço, por prova documental, ficando aí dispensada a notificação dos proprietários dominiais.

O procedimento legal prevê que o requerimento deve ser recebido pelo registrador, que fará a competente anotação no Livro n. 1 – Protocolo. O prazo da prenotação, em vez de se encerrar após 30 dias, deverá ser prorrogado até a qualificação, **positiva** ou **negativa**, do requerimento.

Caso não haja a assinatura dos titulares de direitos reais e de outros direitos inscritos na matrícula do imóvel usucapiendo e na matrícula dos imóveis confinantes, a norma prevê que o registrador deverá notificá-los. Essa notificação deverá ser feita pelo registrador predial, ou por escrevente, ou pelo correio (com aviso de recebimento), e os titulares de direitos terão o prazo de 15 dias para se manifestar. O disposto no parágrafo 2º do art. 216-A da Lei

n. 6.015/1973 continha previsão de que o silêncio do proprietário dominial seria interpretado como discordância tácita do pedido (art. 13, Provimento 65/2017).

Na redação original do dispositivo, houve uma inversão da presunção existente no caso da retificação, especialmente mirando na possibilidade de ocorrência de fraudes. Contudo, diversas foram as críticas da doutrina pelo país afora. Como dito anteriormente, não havia sido uma boa decisão legal.

Visando não tornar o novel instituto letra morta, a Lei Federal n. 13.465/2017 alterou tal artigo e o silêncio do proprietário passou a ter interpretação de concordância com o pedido inicial, adequando o dispositivo legal à longa tradição jurídico-brasileira prevista no art. 111 do Código Civil (Brasil, 2002), de que o silêncio significa anuência.

Tal modificação viabiliza assim a possibilidade de utilização da via extrajudicial para fins de usucapião.

Claro que as advertências anteriores para fins de localização do proprietário dominial, indicação do endereço correto, utilização dos diversos precedentes do Superior Tribunal de Justiça no que tange à utilização da intimação por edital somente após esgotadas todas as diligências para localização da parte, devem ser aplicadas pelos registradores, afinal, ainda estamos diante de direito real de propriedade.

Apesar da ausência de previsão no artigo 216-A da Lei n. 6015/1973, é possível que o registrador faça a notificação pessoalmente, pela via postal ou por intermédio do Registro de Títulos e Documentos, da mesma forma que se procede na realização das notificações no processo de retificação. Esse procedimento está previsto no Provimento 65/2017 do Conselho Nacional de Justiça, no art. 10º. Inclusive, se o proprietário dominial residir em outra comarca, a notificação deverá se dar obrigatoriamente pelo Cartório de Títulos e Documentos da comarca onde o requerido residir.

É obrigatório constar na notificação a advertência de que o silêncio será interpretado como anuência.

Quanto a esse assunto, é importante dizer que existem decisões que mitigam o prazo para impugnação do proprietário dominial. Significa que não há preclusão ao direito de se opor a pretensão de usucapião, fora do prazo de 15 dias previsto na lei. Citamos o seguinte precedente:

> USUCAPIÃO – IMPUGNAÇÃO – PRECLUSÃO. O prazo para impugnação na usucapião extrajudicial não é preclusivo. Sendo o procedimento complexo, caracterizado por sucessivas fases, inclusive com possibilidade de solicitação de provas e outras diligências pelo Oficial, há sempre a possibilidade de que novas informações possam ser apresentadas para que o pedido extrajudicial seja obstado, sendo inclusive possível que interessado, que tenha manifestado anuência, a revogue posteriormente. (TJ/SP. 1º Vara de Registros Públicos. Autos n. 1000378-32.2020.8.26.0100. Data do Julgamento: 06/05/2020. Data Diário da Justiça: 08/05/2020. Rel. Tânia Mara Ahualli).

De outro giro, a impugnação do confrontante ou proprietário devem ser fundamentadas, sob pena de serem afastadas pelo registrador. Isso porque não é qualquer impugnação que é apta para que o processo seja remetido ao Poder Judiciário, devendo ter fundamentos aptos a afastar a pretensão do requerente.

Note-se que existe a possibilidade de notificação dos proprietários, dos detentores de direito real inscrito na matrícula e dos confrontantes por meio de edital, conforme art. 11 do Provimento 65/2017. Como acima mencionado é imprescindível que o interessado esgote todos os meios possíveis para notificação da contraparte, para que daí, seja procedida a notificação por edital. Tal procedimento está em consonância com a jurisprudência consolidada do Superior Tribunal de Justiça e visa afastar alegação posterior de nulidades insanáveis no procedimento.

Além dos detentores de direito real inscrito, o registrador dará ciência à União, ao estado, ao Distrito Federal e ao município, pessoalmente, por intermédio do oficial de registro de títulos e documentos – ou pelo correio, com aviso de recebimento –, para que se manifestem, em 15 dias, sobre o pedido. O silêncio será considerado anuência, nos termos da regra geral do art. 111 do Código Civil.

Também será necessária a publicação de edital em jornal de grande circulação, onde houver, para a ciência de terceiros eventualmente interessados, que poderão manifestar-se em 15 dias, devendo o edital conter todos os requisitos do artigo 16 do Provimento n. 65/2017.

Da mesma forma que o regramento da retificação, o registrador poderá solicitar, por meio de nota de exigências, qualquer documento ou diligência necessários para elucidar qualquer ponto sobre o qual pese alguma dúvida. Ainda, no mesmo sentido, poderão ser realizadas quaisquer diligências, pessoalmente ou por escrevente.

Estando todos os documentos para comprovação da posse *ad usucapionem* pretendida pelo interessado, o registrador imobiliário efetuará o registro da aquisição do imóvel, com as descrições apresentadas, devendo ser aberta nova matrícula, pois se trata de aquisição originária.

Salientamos que, em caso de discordância do interessado e de seu advogado em relação a quaisquer exigências excessivas por parte do registrador, fica ressalvado o direito de utilização do procedimento de dúvida para sanar a regularidade ou abusividade da nota de exigências. Analisando-se o mérito da petição, conforme o procedimento de qualificação, ausente qualquer requisito ou documento, o reconhecimento será desqualificado, não impedindo essa rejeição a utilização do procedimento judicial.

Ocorrendo impugnação fundamentada por qualquer um dos detentores de direitos reais inscritos na matrícula, pelos confrontantes, por qualquer dos entes públicos ou por algum terceiro interessado, o registrador poderá promover a conciliação ou a mediação entre as partes, mediante agendamento de audiência. Caso seja realizado acordo, o registrador poderá proceder a análise do mérito do pedido.

Persistindo a impugnação e caso esteja fundamentada, o registrador fará um relatório pormenorizado do processamento da usucapião e o entregará ao interessado (art. 18, Provimento 65/2017). Nesse momento, o interessado deverá emendar a peça inicial para adequá-la às normas do Código de Processo Civil.

Síntese

Neste capítulo, examinamos os principais procedimentos utilizados nos registros de imóveis: a dúvida, que é a verificação administrativa da correição ou não da qualificação negativa realizada pelo registrador imobiliário, e a retificação, que é o procedimento no qual o registrador atua para alterar equívocos e omissões contidos em seus livros. Também analisamos a presidência do procedimento de usucapião extrajudicial, instituto trazido pelo Código de Processo Civil de 2015 e que, dadas as circunstâncias, poderá viabilizar o acesso à tábua registral de uma série de proprietários informais.

Questões para revisão

1) Sobre o processo de dúvida, marque a alternativa **incorreta**:
    a. Em caso de desqualificação, o interessado deverá requerer que o registrador levante dúvida.
    b. Existe parcela da doutrina que entende que o procedimento de dúvida tem natureza administrativa para análise da regularidade da atividade registral.

c. A competência para apreciação de dúvida, caso a União tenha interesse, será da Justiça Federal.

d. Se o interessado apresentar o requerimento, o oficial deverá anotar, à margem do Livro Protocolo, a ocorrência da dúvida, bem como certificar no título a prenotação e a suscitação da dúvida.

2) Sobre o processo de retificação, marque a alternativa correta:
   a. O processo de retificação tem natureza de procedimento administrativo.
   b. A escolha pelo procedimento judicial ou extrajudicial fica a cargo do interessado, inclusive no caso de impugnação fundamentada.
   c. Podem ser considerados confrontantes do imóvel tanto os proprietários dos imóveis contíguos como seus eventuais ocupantes.
   d. A retificação de área que importe em aumento/diminuição da área, mesmo que seja realizada intramuros, não é possível.

3) Sobre o procedimento de usucapião, assinale a alternativa **incorreta**:
   a. Para o requerimento de usucapião extrajudicial, são necessários os seguintes requisitos: requerimento assinado pelo interessado, representado por advogado, contendo a exposição dos fatos, como a forma de aquisição, a data do início, os esclarecimentos relativos a eventuais antecessores da posse e a descrição do imóvel objeto da usucapião, bem como a informação de que a posse é justa, mansa e pacífica, de boa-fé.
   b. A ata notarial deve ser lavrada por tabelião e nela devem ser mencionados todos os documentos apresentados ao notário.

c. O procedimento deve ser recebido pelo registrador, que fará a competente anotação no Livro n. 1 – Protocolo. O prazo da prenotação se encerrará 30 dias após a prenotação.

d. Em caso de exigências excessivas por parte do registrador, fica ressalvado o direito do interessado de utilizar o procedimento de dúvida para sanar a regularidade ou a abusividade da nota de exigências.

4) Quais são as etapas do procedimento de dúvida?
5) Qual é a natureza jurídica e quais são as etapas do procedimento de retificação?

Questões para reflexão

1) Qual é a natureza jurídica do procedimento de dúvida? Explique.
2) Correlacione o princípio da especialidade com o processo de retificação.

Para saber mais

Para quem deseja se aprofundar no estudo dos procedimentos registrais, sugerimos a consulta das seguintes obras:

AUGUSTO, E. A. A. **Registro de imóveis, retificação de registro e georreferenciamento**: fundamento e prática. São Paulo: Saraiva, 2013.

DIP, R. Breves considerações sobre alguns temas relativos à retificação de área. In: DIP, R.; JACOMINO, S. (Org.). **Direito registral**. 2. ed. São Paulo: Revista dos Tribunais, 2013. p. 987-999. v. 6. (Coleção Doutrinas Essenciais).

SARMENTO FILHO, E. S. C. **A dúvida registrária**. São Paulo: Irib, 2012.

O objetivo de nosso trabalho foi apresentar o sistema registral imobiliário brasileiro para estudantes e operadores do direito, advogados e funcionários das serventias públicas. Como ficou evidenciado na abordagem da história evolutiva das normas dos registros imobiliários, o registro predial brasileiro bebeu das fontes francesas e alemãs para, com fundamento na clássica romana do título e da tradição, criar uma formatação mista de registro, tendo como bases o **título**, que criava obrigação causal entre as partes, e o **registro**, que gerava aquisição do direito real e da publicidade para observância *erga omnes* dos direitos.

Todavia, essa formatação, ocorrida com o Código Civil de 1916, ainda prestigiava um sistema no qual não era o imóvel que estava no centro do sistema, mas o negócio jurídico e os detentores de direitos inscritos na tábua registral. Esse avanço somente se completou com a edição da Lei de Registros Públicos de 1973, a qual adotou o sistema da matrícula e do fólio real, concentrando todos os esforços na regularização da propriedade imobiliária, seja no campo, seja nas grandes cidades.

Para isso, a mesma lei contemplou os princípios essenciais, de forma a evitar direitos contraditórios, a possibilitar a transformação jurídica real, a permitir a segurança, a eficiência e a regularidade

para concluir...

dos cadastros reais pelos encadeamentos das transmissões dos direitos reais inscritíveis e a considerar a prioridade do direito que primeiro adentrar o título. A lei também fixou, de forma muito detalhada, todos os atos de responsabilidade do registrador: anotações, registros ou averbações, cada qual com suas especificidades.

Além disso, houve um giro no papel do registrador imobiliário, notadamente com o advento da Constituição Federal de 1988, especialmente na volta ao exercício da função pública, permitido a pessoas naturais, profissionais do direito, aprovadas em concurso público de provas e títulos. Nessa tensão entre público e privado, criou um ambiente para afastar a ideia de funcionários públicos subservientes ou meros burocratas. Assim, surgiu a ideia de autonomia funcional dos agentes delegados, os quais, em seu ofício jurídico-prudencial, analisam os títulos como verdadeiros defensores da segurança jurídica, de modo a possibilitar a certeza no tráfego imobiliário.

Para a escrituração dos livros, sua simplificação foi essencial para o dia a dia da serventia, possibilitando uma análise mais detida do ingresso dos títulos no ofício imobiliário.

É na qualificação registral que reside a principal e mais importante função registral: a análise dos instrumentos e seus desdobramentos, os cadastros existentes na tábua registral e os possíveis direitos reais descritíveis. O registrador, utilizando-se de seu saber prudencial e jurídico, defere ou indefere o nascimento do direito que se busca inscrever. São examinados títulos extrajudiciais e judiciais, devendo-se evitar que o excesso de exigências, muitas vezes descabidas, impeçam ou prejudiquem a entrada de todos os títulos apresentados, observando-se um rigor desmedido e infundado.

Exatamente por tais perigos, a Lei de Registros Públicos criou o procedimento administrativo da dúvida: para viabilizar que o controle do Poder Judiciário possa avaliar se as exigências do registrador predial estão ou não em conformidade com as normas legais e administrativas que regem a função do agente delegado. Além desse procedimento, existe o processo de jurisdição voluntária de retificação dos vícios e erros que possam adentrar no registro. Ademais, a partir de 2016, o registrador passou a presidir o procedimento da usucapião extrajudicial.

Nesse sentido, o registrador predial assume um papel de extrema importância no direito brasileiro: ele cuida das modificações reais, dentre elas a mais importante, que é a aquisição da propriedade dos imóveis. Tais bens, pela sua relevância no cumprimento dos fundamentos da República brasileira, especialmente com relação à cidadania e à dignidade da pessoa, ainda são fonte de atividade econômica (por meio de locações, por exemplo) e forma de financiamento e motor das riquezas, em um país no qual uma das principais atividades econômicas vem da exploração da atividade agrícola e rural.

Portanto, um tráfego imobiliário seguro, eficiente e autêntico depende de um registrador autônomo com profundo saber jurídico, também prudencial e com parcimônia em sua atuação. Tal situação passa, necessariamente, pela evolução legislativa para, cada vez mais, conferir maior importância à qualificação registral e à atuação desses chamados "magistrados da verdade e da paz" (Dip, 1992, p. 974).

Averbação de existência de ações *versus* princípio da continuidade

O proprietário de dois imóveis, sr. A, resolveu doar um deles a suas filhas, srta. B e srta. C. Foi lavrada escritura de doação, foram recolhidos os tributos e foi efetuado o registro perante o cartório imobiliário competente.

O sr. A, contudo, é sócio de uma empresa devedora em uma ação, já em fase de cumprimento de sentença. O juiz dessa execução deferiu a desconsideração da personalidade jurídica da empresa devedora, e a credora tentou penhorar tal imóvel. Entretanto, o imóvel não mais se encontrava em nome do sócio da empresa, mas em nome de suas filhas, impedindo a constrição pela ofensa do princípio da continuidade.

A credora ajuizou ação anulatória (ação pauliana) e, com fundamento no art. 54, inciso IV, da Lei n. 13.097, de 19 de janeiro de 2015 (Brasil, 2015c), requereu fosse determinada pelo juiz a averbação de existência da ação, visando resguardar seus direitos e proteger a boa-fé de eventuais terceiros (princípio da publicidade e finalidade dos registros públicos – segurança jurídica). Tal pedido foi deferido e foi expedido mandado de averbação.

estudo de caso

O registrador qualificou negativamente o título, sustentando que a averbação da existência da ação violaria o princípio da continuidade. Nesse cenário, há de se sopesar a incidência dos princípios da continuidade, da segurança jurídica, da publicidade e da concentração dos atos na matrícula.

É certo que o princípio positivado pelo art. 195 da Lei. n. 6.015, de 31 de dezembro de 1973 (Brasil, 1973c) (Lei de Registros Públicos), deve impedir que sejam admitidos, na tábua registral, escritos públicos, particulares e judiciais que não tenham qualquer relação com as partes ou que afetem a correta compreensão das transmissões de direitos sobre o imóvel, impedindo a partilha *per saltum* ou determinando o registro de cessões de direitos hereditários.

Foi correto o entendimento do registrador? Justifique.

Resposta

Inicialmente, estamos diante da averbação da existência de uma ação anulatória, que busca anular o negócio jurídico de doação registrado na matrícula do imóvel. Tal averbação, denominada por Afrânio de Carvalho (1998, p. 147) de *inscrição preventiva*, tem a função de alertar terceiros da existência de situação que pode vir a modificar a situação jurídica daquele bem, protegendo terceiros de boa-fé por intermédio da publicidade.

Além disso, com a adoção do princípio da concentração dos atos na matrícula, previsto na Lei n. 13.097/2015, é imperativo que todos os credores sejam diligentes e inscrevam na matrícula eventuais ônus, pendências ou mesmo informações dos processos que movem contra proprietários, sob pena de que tais restrições não possam ser opostas em face do adquirente de boa-fé, trazendo mais segurança jurídica aos negócios jurídicos imobiliários.

No caso relatado, seria necessário dar publicidade à existência da ação que poderia anular o registro da doação às atuais titulares do bem. Se terceiros buscassem adquirir tal imóvel, deveriam ficar cientes de que a situação poderia mudar e o título de propriedade das donatárias poderia ser rescindido.

Portanto, a qualificação negativa realizada pelo registrador deve ser alterada pelo Juízo Corregedor, por intermédio do procedimento de dúvida.

ACRE. Tribunal de Justiça do Estado do Acre. Corregedoria-Geral da Justiça. Código de Normas dos Serviços Notariais e de Registro do Estado do Acre. Provimento n. 5, de 4 de fevereiro de 2016. **Diário de Justiça do Estado do Acre**, Rio Branco, 12 fev. 2016a. Disponível em: <http://www.tjac.jus.br/wp-content/uploads/2016/02/Provimento_COGER_TJAC_05_2016.pdf>. Acesso em: 28 jul. 2020.

ACRE. Tribunal de Justiça do Estado do Acre. Provimento n. 10, de 7 de março de 2016. **Diário de Justiça do Estado do Acre**, Rio Branco, 15 mar. 2016b. Disponível em: <http://www.tjac.jus.br/wp-content/uploads/2016/03/Provimento_COGER_TJAC_10_2016.pdf>. Acesso em: 28 jul. 2020.

ALVES, S. M. P. Responsabilidade civil de notários e registradores: a aplicação do Código de Defesa do Consumidor em suas atividades e a sucessão trabalhista na delegação. In: DIP, R.; JACOMINO, S. J. (Org.). **Direito registral**. 2. ed. São Paulo: Revista dos Tribunais, 2013. p. 1369-1379. v. 1. (Coleção Doutrinas Essenciais).

AMADEI, V. de A. A fé pública nas notas e nos registros. In: AMADEI, V. de A.; FIGUEIREDO, M.; YOSHIDA, C. Y. M. **Direito notarial e registral avançado**. São Paulo: Revista dos Tribunais, 2014. p. 35-52.

AMARAL, G. F. do. Partilhas per saltum, cessões de direitos e a continuidade registral. **Revista de Direito Imobiliário**, São Paulo, v. 37, n. 77, p. 125-145, jul./dez. 2014.

AUGUSTO, E. A. A. A qualificação registral na retificação de registro e no georreferenciamento. In: DIP, R.; JACOMINO, S. J. (Org.). **Direito registral**. 2. ed. São Paulo: Revista dos Tribunais, 2013a. p. 975-1000. v. 7. (Coleção Doutrinas Essenciais).

AUGUSTO, E. A. A. **Registro de imóveis, retificação de registro e georreferenciamento**: fundamento e prática. São Paulo: Saraiva, 2013b.

BAHIA. Tribunal de Justiça do Estado da Bahia. Corregedoria-Geral da Justiça. Corregedoria das Comarcas do Interior. Provimento Conjunto n. CGJ/CCI 009, de 12 de agosto de 2013. **Diário de Justiça do Estado da Bahia**, Salvador, 23 ago. 2013. Disponível em: <http://www5.tjba.jus.br/corregedoria/images/pdf/provimento_conjunto_cgj_cci_009_2013.pdf>. Acesso em: 28 jul. 2020.

BAHIA. Tribunal de Justiça do Estado da Bahia. Provimento Conjunto n. CGJ/CCI – 04/2016, de 15 de abril de 2016. **Diário de Justiça do Estado da Bahia**, Salvador, 18 abr. 2016. Disponível em: <http://www5.tjba.jus.br/corregedoria/images/pdf/provimento_conjunto_04_2016.pdf>. Acesso em: 28 jul. 2020.

BALBINO FILHO, N. **Direito registral imobiliário**. 2. ed. São Paulo: Saraiva, 2012.

BRASIL. Conselho Nacional de Justiça. **Justiça em números 2015**: ano-base 2014. Brasília: CNJ, 2015a.

BRASIL. Conselho Nacional de Justiça. Provimento n. 33, de 3 de julho de 2013. **Diário da Justiça Eletrônico**, Brasília, DF, 4 jul. 2013a. Disponível em: <http://www.cnj.jus.br///images/atos_normativos/provimento/provimento_33_03072013_04072013144722.pdf>. Acesso em: 28 jul. 2020.

BRASIL. Conselho Nacional de Justiça. Provimento n. 39, de 25 de julho de 2014. **Diário da Justiça Eletrônico**, Brasília, DF, 25 jul. 2014a. Disponível em: <http://www.cnj.jus.br/images/stories/docs_corregedoria/provimentos/provimento_39.pdf>. Acesso em: 28 jul. 2020.

BRASIL. Conselho Nacional de Justiça. Provimento n. 47, de 18 de junho de 2015. **Diário da Justiça Eletrônico**, Brasília, DF, 19 jun. 2015b. Disponível em: <http://www.cnj.jus.br/busca-atos-adm?documento=2967>. Acesso em: 28 jul. 2020.

BRASIL. Constituição (1967). **Diário Oficial da União**, Brasília, DF, 24 jan. 1967a. Disponível em: <http://www.planalto.gov.br/ccivil_03/Constituicao/Constituicao67.htm>. Acesso em: 28 jul. 2020.

BRASIL. Constituição (1967). Emenda Constitucional n. 1, de 17 de outubro de 1969. **Diário Oficial da União**, Poder Legislativo, Brasília, DF, 20 out. 1969a. Disponível em: <https://www.planalto.gov.br/ccivil_03/constituicao/emendas/emc_anterior1988/emc01-69.htm>. Acesso em: 28 jul. 2020.

BRASIL. Constituição (1988). **Diário Oficial da União**, Brasília, DF, 5 out. 1988. Disponível em: <http://www.planalto.gov.br/ccivil_03/Constituicao/Constituicao.htm>. Acesso em: 28 jul. 2020.

BRASIL. Decreto n. 167, de 14 de fevereiro de 1967. **Diário Oficial da União**, Poder Executivo, Brasília, DF, 15 fev. 1967b. Disponível em: <http://www.planalto.gov.br/ccivil_03/decreto-lei/Del0167.htm>. Acesso em: 28 jul. 2020.

BRASIL. Decreto n. 169-A, de 19 de janeiro de 1890. **Coleção das Leis do Brasil**. Rio de Janeiro: Imprensa Nacional, 1895a. Disponível em: <http://www.planalto.gov.br/ccivil_03/decreto/1851-1899/D169-A.htm>. Acesso em: 28 jul. 2020.

BRASIL. Decreto n. 370, de 2 de maio de 1890. **Coleção das Leis do Brasil**. Rio de Janeiro: Imprensa Nacional, 1895b. Disponível em: <http://www.planalto.gov.br/ccivil_03/decreto/1851-1899/D370.htm>. Acesso em: 28 jul. 2020.

BRASIL. Decreto n. 456, de 6 de julho de 1846. **Coleção das Leis do Império do Brasil**. Rio de Janeiro: Imprensa Nacional, 1847a. Disponível em: <http://www2.camara.leg.br/legin/fed/decret/1824-1899/decreto-456-6-julho-1846-560426-publicacaooriginal-83232-pe.html>. Acesso em: 28 jul. 2020.

BRASIL. Decreto n. 482, de 14 de novembro de 1846. **Coleção das Leis do Império do Brasil**. Rio de Janeiro: Imprensa Nacional, 1847b. Disponível em: <http://www2.camara.leg.br/legin/fed/decret/1824-1899/decreto-482-14-novembro-1846-560540-publicacaooriginal-83591-pe.html>. Acesso em: 28 jul. 2020.

BRASIL. Decreto n. 1.318, de 30 de janeiro de 1854. **Coleção das Leis Império do Brasil**. Rio de Janeiro: Imprensa Nacional, 1854. Disponível em: <https://www.planalto.gov.br/ccivil_03/decreto/1851-1899/D1318.htm>. Acesso em: 28 jul. 2020.

BRASIL. Decreto n. 3.453, de 26 de abril de 1865. **Coleção das Leis do Império do Brasil**. Rio de Janeiro: Imprensa Nacional, 1865. Disponível em: <https://www.planalto.gov.br/cCivil_03/decreto/Historicos/DIM/DIM3453.htm>. Acesso em: 28 jul. 2020.

BRASIL. Decreto n. 4.827, de 7 de fevereiro de 1924. **Coleção das Leis do Brasil**. Rio de Janeiro: Imprensa Nacional, 1925. Disponível em: <http://www.planalto.gov.br/ccivil_03/decreto/Historicos/DPL/DPL4827.htm>. Acesso em: 28 jul. 2020.

BRASIL. Decreto n. 4.857, de 9 de novembro de 1939. **Coleção das Leis do Brasil**. Rio de Janeiro: Imprensa Nacional, 1939. Disponível em: <https://www.planalto.gov.br/ccivil_03/decreto/1930-1949/D4857.htm>. Acesso em: 28 jul. 2020.

BRASIL. Decreto n. 18.542, de 24 de dezembro de 1928. **Coleção das Leis do Brasil**. Rio de Janeiro: Imprensa Nacional, 1929. Disponível em: <http://www.planalto.gov.br/ccivil_03/decreto/1910-1929/D18542.htm>. Acesso em: 28 jul. 2020.

BRASIL. Decreto n. 64.608, de 29 de maio de 1969. **Diário Oficial da União**, Poder Executivo, Brasília, DF, 9 jun. 1969b. Disponível em: <https://www.planalto.gov.br/ccivil_03/decreto/1950-1969/D64608.htm>. Acesso em: 28 jul. 2020.

BRASIL. Decreto n. 93.240, de 9 de setembro de 1986. **Diário Oficial da União**, Poder Executivo, Brasília, DF, 10 set. 1986. Disponível em: <http://www.planalto.gov.br/ccivil_03/decreto/antigos/d93240.htm>. Acesso em: 28 jul. 2020.

BRASIL. Decreto-Lei n. 1.000, de 21 de outubro de 1969. **Diário Oficial da União**, Poder Executivo, Brasília, DF, 21 out. 1969c. Disponível em: <http://www.planalto.gov.br/ccivil_03/decreto-lei/1965-1988/Del1000.htm>. Acesso em: 28 jul. 2020.

BRASIL. Decreto-Lei n. 7.661, de 21 de junho de 1945. **Diário Oficial da União**, Poder Executivo, Rio de Janeiro, 31 jul. 1945. Disponível em: <https://www.planalto.gov.br/ccivil_03/decreto-lei/Del7661.htm>. Acesso em: 28 jul. 2020.

BRASIL. Lei n. 317, de 21 de outubro de 1843. **Coleção das Leis do Império do Brasil**. Rio de Janeiro: Imprensa Nacional, 1867. Disponível em: <http://www.planalto.gov.br/ccivil_03/leis/LIM/LIM317.htm>. Acesso em: 28 jul. 2020.

BRASIL. Lei n. 601, de 18 de setembro de 1850. **Coleção das Leis do Império do Brasil**. Rio de Janeiro: Imprensa Nacional, 1850. Disponível em: <http://www.planalto.gov.br/ccivil_03/LEIS/L0601-1850.htm>. Acesso em: 28 jul. 2020.

BRASIL. Lei n. 1.237, de 24 de setembro de 1864. **Coleção das Leis do Império do Brasil**. Rio de Janeiro: Imprensa Nacional, 1864. Disponível em: <https://www.planalto.gov.br/ccivil_03/leis/lim/LIM1237.htm>. Acesso em: 28 jul. 2020.

BRASIL. Lei n. 3.071, de 1º de janeiro de 1916. **Coleção das Leis do Brasil**. Rio de Janeiro: Imprensa Nacional, 1917. Disponível em: <https://www.planalto.gov.br/ccivil_03/leis/L3071.htm>. Acesso em: 28 jul. 2020.

BRASIL. Lei n. 4.380, de 21 de agosto de 1964. **Diário Oficial da União**, Poder Legislativo, Brasília, DF, 11 set. 1964a. Disponível em: <https://www.planalto.gov.br/ccivil_03/leis/L4380.htm>. Acesso em: 28 jul. 2020.

BRASIL. Lei n. 4.504, de 30 de novembro de 1964. **Diário Oficial da União**, Poder Legislativo, Brasília, DF, 30 nov. 1964b. Disponível em: <http://www.planalto.gov.br/ccivil_03/leis/L4504.htm>. Acesso em: 28 jul. 2020.

BRASIL. Lei n. 4.591, de 16 de dezembro de 1964. **Diário Oficial da União**, Poder Legislativo, Brasília, DF, 23 dez. 1964c. Disponível em: <http://www.planalto.gov.br/ccivil_03/leis/L4591.htm>. Acesso em: 28 jul. 2020.

BRASIL. Lei n. 5.172, de 25 de outubro de 1966. **Diário Oficial da União**, Poder Legislativo, Brasília, DF, 27 out. 1966. Disponível em: <https://www.planalto.gov.br/ccivil_03/leis/L5172.htm>. Acesso em: 28 jul. 2020.

BRASIL. Lei n. 5.869, de 11 de janeiro de 1973. **Diário Oficial da União**, Poder Executivo, Brasília, DF, 17 jan. 1973a. Disponível em: <http://www.planalto.gov.br/ccivil_03/leis/L5869.htm>. Acesso em: 28 jul. 2020.

BRASIL. Lei n. 5.972, de 11 de dezembro de 1973. **Diário Oficial da União**, Poder Executivo, Brasília, DF, 23 dez. 1973b. Disponível em: <http://www.planalto.gov.br/ccivil_03/leis/L5972.htm>. Acesso em: 28 jul. 2020.

BRASIL. Lei n. 6.015, de 31 de dezembro de 1973. **Diário Oficial da União**, Poder Legislativo, Brasília, DF, 31 dez. 1973c. Disponível em: < http://www.planalto.gov.br/ccivil_03/leis/L6015compilada.htm>. Acesso em: 28 jul. 2020.

BRASIL. Lei n. 6.216, de 30 de junho de 1975. **Diário Oficial da União**, Poder Legislativo, Brasília, DF, 1 jul. 1975. Disponível em: <http://www.planalto.gov.br/ccivil_03/leis/L6216.htm>. Acesso em: 25 jun. 2017.

BRASIL. Lei n. 6.404, de 15 de dezembro de 1976. **Diário Oficial da União**, Poder Executivo, Brasília, DF, 17 dez. 1976. Disponível em: <https://www.planalto.gov.br/ccivil_03/leis/L6404consol.htm>. Acesso em: 28 jul. 2020.

BRASIL. Lei n. 6.739, de 5 de dezembro de 1979. **Diário Oficial da União**, Poder Legislativo, Brasília, DF, 6 dez. 1979a. Disponível em: <http://www.planalto.gov.br/ccivil_03/leis/L6739.htm>. Acesso em: 28 jul. 2020.

BRASIL. Lei n. 6.766, de 19 de dezembro de 1979. **Diário Oficial da União**, Poder Legislativo, Brasília, DF, 20 dez. 1979b. Disponível em: <http://www.planalto.gov.br/CCivil_03/leis/L6766.htm>. Acesso em: 28 jul. 2020.

BRASIL. Lei n. 7.433, de 18 de dezembro de 1985. **Diário Oficial da União**, Poder Executivo, Brasília, DF, 19 dez. 1985. Disponível em: <http://www.planalto.gov.br/ccivil_03/leis/L7433.htm>. Acesso em: 28 jul. 2020.

BRASIL. Lei n. 8.078, de 11 de setembro de 1990. **Diário Oficial da União**, Poder Executivo, Brasília, DF, 12 set. 1990. Disponível em: <http://www.planalto.gov.br/ccivil_03/leis/L8078.htm>. Acesso em: 28 jul. 2020.

BRASIL. Lei n. 8.245, de 18 de outubro de 1991. **Diário Oficial da União**, Poder Executivo, Brasília, DF, 21 out. 1991. Disponível em: <http://www.planalto.gov.br/ccivil_03/leis/l8245.htm>. Acesso em: 28 jul. 2020.

BRASIL. Lei n. 8.906, de 4 de julho de 1994. **Diário Oficial da União**, Poder Executivo, Brasília, DF, 5 jul. 1994a. Disponível em: <https://www.planalto.gov.br/ccivil_03/leis/L8906.htm>. Acesso em: 28 jul. 2020.

BRASIL. Lei n. 8.935, de 18 de novembro de 1994. **Diário Oficial da União**, Poder Executivo, Brasília, DF, 21 nov. 1994b. Disponível em: <http://www.planalto.gov.br/ccivil_03/Leis/L8935.htm>. Acesso em: 28 jul. 2020.

BRASIL. Lei n. 9.307, de 23 de setembro de 1996. **Diário Oficial da União**, Poder Legislativo, Brasília, DF, 24 set. 1996a. Disponível em: <http://www.planalto.gov.br/ccivil_03/leis/L9307.htm>. Acesso em: 28 jul. 2020.

BRASIL. Lei n. 9.514, de 20 de novembro de 1997. **Diário Oficial da União**, Poder Executivo, Brasília, DF, 21 nov. 1997. Disponível em: <https://www.planalto.gov.br/ccivil_03/leis/L9514.htm>. Acesso em: 28 jul. 2020.

BRASIL. Lei n. 10.303, de 31 de outubro de 2001. **Diário Oficial da União**, Poder Legislativo, Brasília, DF, 1 nov. 2001a. Disponível em: <https://www.planalto.gov.br/ccivil_03/leis/LEIS_2001/L10303.htm>. Acesso em: 28 jul. 2020.

BRASIL. Lei n. 10.406, de 10 de janeiro de 2002. **Diário Oficial da União**, Poder Legislativo, Brasília, DF, 11 jan. 2002. Disponível em: <http://www.planalto.gov.br/ccivil_03/leis/2002/L10406.htm>. Acesso em: 28 jul. 2020.

BRASIL. Lei n. 10.931, de 2 de agosto de 2004. **Diário Oficial da União**, Poder Legislativo, Brasília, DF, 3 ago. 2004. Disponível em: <http://www.planalto.gov.br/ccivil_03/_ato2004-2006/2004/lei/l10.931.htm>. Acesso em: 28 jul. 2020.

BRASIL. Lei n. 11.101, de 9 de fevereiro de 2005. **Diário Oficial da União**, Poder Executivo, Brasília, DF, 9 fev. 2005a. Disponível em: <https://www.planalto.gov.br/ccivil_03/_ato2004-2006/2005/lei/l11101.htm>. Acesso em: 28 jul. 2020.

BRASIL. Lei n. 11.441, de 4 de janeiro de 2007. **Diário Oficial da União**, Poder Legislativo, Brasília, DF, 5 jan. 2007. Disponível em: <https://www.planalto.gov.br/ccivil_03/_ato2007-2010/2007/lei/l11441.htm>. Acesso em: 28 jul. 2020.

BRASIL. Lei n. 11.977, de 7 de julho de 2009. **Diário Oficial da União**, Poder Executivo, Brasília, DF, 8 jul. 2009a. Disponível em: <https://www.planalto.gov.br/ccivil_03/_ato2007-2010/2009/lei/l11977.htm>. Acesso em: 28 jul. 2020.

BRASIL. Lei n. 12.424, de 16 de junho de 2011. **Diário Oficial da União**, Poder Executivo, Brasília, DF, 17 jun. 2011. Disponível em: <http://www.planalto.gov.br/ccivil_03/_ato2011-2014/2011/Lei/L12424.htm>. Acesso em: 28 jul. 2020.

BRASIL. Lei n. 12.651, de 25 de maio de 2012. **Diário Oficial da União**, Poder Legislativo, Brasília, DF, 28 maio 2012a. Disponível em: <http://www.planalto.gov.br/ccivil_03/_ato2011-2014/2012/lei/l12651.htm>. Acesso em: 28 jul. 2020.

BRASIL. Lei n. 13.097, de 19 de janeiro de 2015. **Diário Oficial da União**, Poder Executivo, Brasília, DF, 20 jan. 2015c. Disponível em: <http://www.planalto.gov.br/ccivil_03/_ato2015-2018/2015/lei/L13097.htm>. Acesso em: 28 jul. 2020.

BRASIL. Lei n. 13.105, de 16 de março de 2015. **Diário Oficial da União**, Poder Legislativo, Brasília, DF, 17 mar. 2015d. Disponível em: <http://www.planalto.gov.br/ccivil_03/_ato2015-2018/2015/lei/l13105.htm>. Acesso em: 28 jul. 2020.

BRASIL. Superior Tribunal de Justiça. Agravo Regimental. Agravo em Recurso Especial n. 835.380 PR. Relator: Ministro Luis Felipe Salomão. **Diário da Justiça Eletrônico**, 27 maio 2016a. Disponível em: <http://www.lexml.gov.br/urn/urn:lex:br:superior.tribunal.justica;turma.4:acordao;aresp:2016-05-19;835380-1538623>. Acesso em: 28 jul. 2020.

BRASIL. Agravo Regimental no Recurso Especial n. 547.840 MG. Relator: Ministro Humberto Gomes de Barros. **Diário da Justiça Eletrônico**, 7 nov. 2005b. Disponível em: <http://stj.jusbrasil.com.br/jurisprudencia/7186619/agravo-regimental-no-recurso-especial-agrg-no-resp-547840-mg-2003-0101220-4/inteiro-teor-12925197>. Acesso em: 28 jul. 2020.

BRASIL. Agravo Regimental no Recurso Especial n. 1.027.925 RJ. Relatora: Ministra Maria Isabel Gallotti, quarta turma, julgado em 21/03/2013. **Diário da Justiça Eletrônico**, 11 abr. 2013b. Disponível em: <http://www.jusbrasil.com.br/diarios/99509423/stj-08-09-2015-pg-7938/pdfView>. Acesso em: 28 jul. 2020.

BRASIL. Agravo Regimental no Recurso Especial n. 1.156.104 SC. Relator: Ministro Marco Buzzi, quarta turma, julgado em 06/02/2014. **Diário da Justiça Eletrônico**, 14 fev. 2014b. Disponível em: <http://stj.jusbrasil.com.br/jurisprudencia/24919663/agravo-regimental-no-recurso-especial-agrg-no-resp-1156104-sc-2009-0172936-7-stj/inteiro-teor-24919664>. Acesso em: 28 jul. 2020.

BRASIL. Conflito de Competência n. 14.750 RS. Relator: Ministro Sálvio de Figueiredo Teixeira. **Diário da Justiça Eletrônico**, 3 jun. 1996b. Disponível em: <http://stj.jusbrasil.com.br/jurisprudencia/19598574/conflito-de-competencia-cc-40924-ms-2003-0217998-8-stj/relatorio-e-voto-19598576>. Acesso em: 28 jul. 2020.

BRASIL. Superior Tribunal de Justiça. Conflito de Competência n. 30.820 RO. Relator: Ministro Antônio de Pádua Ribeiro. **Diário da Justiça Eletrônico,** 29 out. 2001b. Disponível em: <http://www.lexml.gov.br/urn/urn:lex:br:superior.tribunal.justica;secao.2:acordao;cc:2001-08-22;30820-408857>. Acesso em: 28 jul. 2020.

BRASIL. Superior Tribunal de Justiça. Recurso Especial n. 54.877 SP. Relator: Ministro Antônio de Pádua Ribeiro. **Diário da Justiça Eletrônico,** 12 dez. 2005c. Disponível em: <http://www.jusbrasil.com.br/diarios/124720562/stj-06-09-2016-pg-5266>. Acesso em: 28 jul. 2020.

BRASIL. Superior Tribunal de Justiça. Recurso Especial n. 120.196 MG. Relator: Ministro Eduardo Ribeiro. **Diário da Justiça,** 10 maio 1999. Disponível em: <http://stj.jusbrasil.com.br/jurisprudencia/432681/recurso-especial-resp-120196-mg-1997-0011482-1>. Acesso em: 28 jul. 2020.

BRASIL. Superior Tribunal de Justiça. Recurso Especial n. 589.597 MG. Relator: Ministro Aldir Passarinho Junior. **Diário da Justiça Eletrônico,** 3 ago. 2010. Disponível em: <http://stj.jusbrasil.com.br/jurisprudencia/15677215/recurso-especial-resp-589597-mg-2003-0117801-3-stj/relatorio-e-voto-15677217>. Acesso em: 28 jul. 2020.

BRASIL. Superior Tribunal de Justiça. Recurso Especial n. 716.489 MT. Relator: Ministro João Otávio De Noronha. **Diário da Justiça Eletrônico,** 28 abr. 2008a. Disponível em: <http://stj.jusbrasil.com.br/jurisprudencia/7096018/recurso-especial-resp-716489-mt-2005-0003738-7-stj/amp>. Acesso em: 28 jul. 2020.

BRASIL. Superior Tribunal de Justiça. Recurso Especial n. 817.856 MG. Relator: Ministro Carlos Fernando Mathias. **Diário da Justiça Eletrônico,** 19 jun. 2008b. Disponível em: <https://stj.jusbrasil.com.br/jurisprudencia/22584853/agravo-regimental-no-recurso-especial-agrg-no-resp-1070842-sc-2008-0143981-7-stj/inteiro-teor-22584854>. Acesso em: 28 jul. 2020.

BRASIL. Superior Tribunal de Justiça. Recurso Especial n. 954.861 RJ. Relator: Ministro Humberto Gomes de Barros. Relatora para Acórdão: Ministra Nancy Andrighi. **Diário da Justiça**

Eletrônico, 26 nov. 2008c. Disponível em: <http://stj.jusbrasil. com.br/jurisprudencia/8908366/recurso-especial-resp-954859-rs-2007-0119225-2/inteiro-teor-14036951>. Acesso em: 28 jul. 2020.

BRASIL. Superior Tribunal de Justiça. Recurso Especial n. 956.943 PR. Relator: Ministro João Otávio de Noronha. **Diário da Justiça Eletrônico**, 1 dez. 2014c. Disponível em: <http://www.jusbrasil.com. br/diarios/124844504/stj-08-09-2016-pg-5797/pdfView>. Acesso em: 28 jul. 2020.

BRASIL. Superior Tribunal de Justiça. Recurso Especial n. 982.039 RS. Relator: Ministro Herman Benjamin. **Diário da Justiça Eletrônico**, Brasília, DF, 24 abr. 2012b. Disponível em: <http:// stj.jusbrasil.com.br/jurisprudencia/24200293/agravo-regimental-n os-embargos-de-declaracao-no-agravo-regimental-no-recurso-espe cial-agrg-nos-edcl-no-agrg-no-resp-1363413-rs-2013-0012161-2-stj/ inteiro-teor-24200294>. Acesso em: 28 jul. 2020.

BRASIL. Superior Tribunal de Justiça. Recurso Especial n. 988.505 DF. Relatora: Ministra Nancy Andrighi. **Diário da Justiça Eletrônico**, 5 ago. 2008d. Disponível em:<http://www.lexml. gov.br/urn/urn:lex:br:superior.tribunal.justica;turma.3:acordao;r esp:2008-06-26;988505-854528>. Acesso em: 28 jul. 2020.

BRASIL. Superior Tribunal de Justiça. Recurso Especial n. 1.111.343 SP. Relator: Ministro João Otávio de Noronha. Relator para Acórdão: Ministro Ricardo Villas Bôas Cueva. **Diário da Justiça Eletrônico**, 11 fev. 2016b. Disponível em: <http://stj.jusbrasil. com.br/jurisprudencia/191277049/recurso-especial-resp-1111343-sp-2008-0217295-3>. Acesso em: 28 jul. 2020.

BRASIL. Superior Tribunal de Justiça. Recurso Especial n. 1.228.615 SP. Relator: Ministro Luis Felipe Salomão. **Diário da Justiça Eletrônico**, Brasília, DF, 7 maio 2014d. Disponível em: <https:// www.jusbrasil.com.br/diarios/69907252/stj-07-05-2014-pg-2613>. Acesso em: 28 jul. 2020.

BRASIL. Superior Tribunal de Justiça. Recurso Especial n. 1.273.313 SP. Relator: Ministro Ricardo Villas Bôas Cueva. **Diário da Justiça**

Eletrônico, 12 nov. 2015e. Disponível em: <http://www.jusbrasil.com.br/diarios/documentos/336867012/andamento-do-processo-n-2014-0135352-3-recurso-especial-12-05-2016-do-stj>. Acesso em: 28 jul. 2020.

BRASIL. Superior Tribunal de Justiça. Recurso Especial n. 1.370.524 DF. Relator: Ministro Marco Buzzi. **Diário da Justiça Eletrônico**, 27 out. 2015f. Disponível em: <https://www.jusbrasil.com.br/diarios/116140135/stj-19-05-2016-pg-4332>. Acesso em: 28 jul. 2020.

BRASIL. Superior Tribunal de Justiça. Recurso Especial n. 1.418.189 RJ. Relator: Ministro Sidnei Beneti. **Diário da Justiça Eletrônico**, 1 jul. 2014e. Disponível em: <http://stj.jusbrasil.com.br/jurisprudencia/25187861/recurso-especial-resp-1418189-rj-2012-0046521-6-stj/inteiro-teor-25187862>. Acesso em: 28 jul. 2020.

BRASIL. Superior Tribunal de Justiça. Recurso Especial n. 1.524.634 RS. Relator: Ministro Ricardo Villas Bôas Cueva. **Diário da Justiça Eletrônico**, 3 nov. 2015g. Disponível em: <http://www.lexml.gov.br/urn/urn:lex:br:superior.tribunal.justica;turma.3:acordao;resp:2015-10-27;1524634-1481581>. Acesso em: 28 jul. 2020.

BRASIL. Superior Tribunal de Justiça. Recurso em Mandado de Segurança n. 193 SP. Relator: Ministro Sálvio de Figueiredo Teixeira. **Diário da Justiça Eletrônico**, 21 set. 1992. Disponível em: <http://stj.jusbrasil.com.br/jurisprudencia/584147/recurso-ordinario-em-mandado-de-seguranca-rms-193-sp-1989-0012898-1>. Acesso em: 28 jul. 2020.

BRASIL. Superior Tribunal de Justiça. Recurso em Mandado de Segurança n. 9.372 SP. Relator: Ministro Antônio de Pádua Ribeiro. **Diário da Justiça Eletrônico**, 13 jun. 2005d. Disponível em: <http://www.lexml.gov.br/urn/urn:lex:br:superior.tribunal.justica;turma.3:acordao;rms:2005-05-19;9372-618378>. Acesso em: 28 jul. 2020.

BRASIL. Superior Tribunal de Justiça. Recurso em Mandado de Segurança n. 11.508 RS. Relator: Ministro Sálvio de Figueiredo Teixeira. **Diário da Justiça Eletrônico**, 7 ago. 2000. Disponível

em: <http://www.lexml.gov.br/urn/urn:lex:br:superior.tribunal.
justica;turma.4:acordao;rms:2000-05-18;11508-364709>. Acesso
em: 28 jul. 2020.

BRASIL. Superior Tribunal de Justiça. Recurso em Mandado de
Segurança n. 39.236 SP. Relator: Ministro Marco Buzzi. **Diário
da Justiça Eletrônico**, 3 maio 2016c. Disponível em: <http://stj.
jusbrasil.com.br/jurisprudencia/340114031/recurso-ordinario-
em-mandado-de-seguranca-rms-39236-sp-2012-0209574-3/
inteiro-teor-340114045#>. Acesso em: 28 jul. 2020.

BRASIL. Recurso em Mandado de Segurança n. 40.022 SP.
Relator: Ministro Herman Benjamin. **Diário da Justiça
Eletrônico**, 10 fev. 2014f. Disponível em: <https://www.
jusbrasil.com.br/diarios/65939357/stj-10-02-2014-pg-1232>.
Acesso em: 28 jul. 2020.

BRASIL. Súmula n. 84, de 18 de junho de 1993. **Diário da
Justiça Eletrônico**, Brasília, DF, 2 jul. 1993. Disponível em:
<https://www.legjur.com/sumula/busca?tri=stj&num=84>.
Acesso em: 28 jul. 2020.

BRASIL. Súmula n. 375, de 18 de março de 2008. **Diário
da Justiça Eletrônico**, Brasília, DF, 30 mar. 2009b.
Disponível em: <https://ww2.stj.jus.br/docs_internet/revista/
eletronica/stj-revista-sumulas-2013_33_capSumula375.pdf>.
Acesso em: 28 jul. 2020.

BRASIL. Supremo Tribunal Federal. Habeas Corpus n. 85.911/MG,
primeira turma. Relator: Ministro Marco Aurélio. **Diário da Justiça
Eletrônico**, 2 dez. 2005e. Disponível em: <http://www.lexml.
gov.br/urn/urn:lex:br:supremo.tribunal.federal;turma.1:acordao
;hc:2005-10-25;85911-2295062>. Acesso em: 28 jul. 2020.

BRASIL. Supremo Tribunal Federal. Recurso Especial n. 84.151.
Relator: Ministro Rodrigues de Alckmin. **Diário de Justiça
da União**, 15 abr. 1977. Disponível em: <http://redir.stf.jus.
br/paginadorpub/paginador.jsp?docTP=AC&docID=178599>.
Acesso em: 28 jul. 2020.

BRASIL. Supremo Tribunal Federal. Recurso Especial n. 85.223.
Relator: Ministro Soares Munhoz. **Diário de Justiça da**

União, 26 out. 1979c. Disponível em: <http://www.lexml.gov.
br/urn/urn:lex:br:supremo.tribunal.federal;turma.1:acordao
;re:1979-10-09;85223->. Acesso em: 28 jul. 2020.

BRASIL. Supremo Tribunal Federal. Recurso Especial
n. 91.236. Relator: Ministro Rafael Mayer. **Diário da Justiça
Eletrônico,** 3 abr. 1981. Disponível em: <http://www.lexml.gov.br/
urn/urn:lex:br:supremo.tribunal.federal;turma.1:acordao;
re:1981-03-17;91236-1448150>. Acesso em: 28 jul. 2020.

BRASIL. Supremo Tribunal Federal. Recurso Especial n. 201.595.
Relator: Ministro Marco Aurélio Mello. **Diário da Justiça
Eletrônico,** 20 abr. 2001c. Disponível em: <http://stf.jusbrasil.com.
br/jurisprudencia/14752526/recurso-extraordinario-re-201595-sp>.
Acesso em: 28 jul. 2020.

BRASIL. Supremo Tribunal Federal. Representação n. 891
GB. Relator: Ministro Djaci Falcão. **Diário da Justiça
Eletrônico,** 23 nov. 1973d. Disponível em: <http://www.lexml.
gov.br/urn/urn:lex:br:supremo.tribunal.federal;plenario:acordao
;rp:1973-06-13;891-1436892>. Acesso em: 28 jul. 2020.

BRASÍLIA. Tribunal de Justiça do Distrito Federal e dos Territórios.
Corregedoria de Justiça do Distrito Federal e dos Territórios.
Provimento-Geral da Corregedoria de Justiça do Distrito
Federal aplicado aos serviços notariais e de registro. **Diário
da Justiça Eletrônico,** Brasília, DF, 11 dez. 2013. Disponível
em: <http://www.tjdft.jus.br/publicacoes/publicacoes-oficiais/
portarias-da-corregedoria/2013/portaria-gc-206-de-09-12-2013>.
Acesso em: 28 jul. 2020.

CARVALHO, A. de. **Registro de imóveis**: comentários ao sistema
de registro em face da Lei nº 6.015 de 1973 com as alterações
da Lei nº 6.216 de 1975, Lei nº 8.009 de 1990 e Lei nº 8.935
de 18.11.1994. 4. ed. Rio de Janeiro: Forense, 1998.

CARVALHO, J. M. de. **A construção da ordem**: a elite política
imperial. **Teatro das sombras**: a política imperial. 3. ed. Rio de
Janeiro: Civilização Brasileira, 2003.

CEARÁ. Tribunal de Justiça do Estado do Ceará. Corregedoria-Geral
da Justiça. Provimento n. 3, de 1º de agosto de 2016. **Diário de**

Justiça do Estado do Ceará, Fortaleza, 2 ago. 2016. Disponível em: <http://corregedoria.tjce.jus.br/wp-content/uploads/2016/08/Prov-3-2016-DJe-2-8-2016.pdf>. Acesso em: 28 jul. 2020.

CENEVIVA, W. **Lei dos Notários e Registradores comentada.** 6. ed. São Paulo: Saraiva, 2007.

CENEVIVA, W. **Lei dos Registros Públicos comentada.** 7. ed. São Paulo: Saraiva, 1991.

CENEVIVA, W. Registro de imóveis: o sistema alemão e o brasileiro. In: DIP, R.; JACOMINO, S. (Org.). **Direito registral.** 2. ed. São Paulo: Revista dos Tribunais, 2013a. p. 567-576. v. 2. (Coleção Doutrinas Essenciais).

CENEVIVA, W. Responsabilidade civil dos notários e registradores. In: DIP, R.; JACOMINO, S. (Org.). **Direito registral.** 2. ed. São Paulo: Revista dos Tribunais, 2013b. p. 1349-1368. v. 1. (Coleção Doutrinas Essenciais).

CONDE, B. A transcrição imobiliária, no regime anterior ao Código Civil. In: DIP, R. JACOMINO, S. (Org.). **Direito registral.** 2. ed. São Paulo: Revista dos Tribunais, 2013. p. 271-279. v. 6. (Coleção Doutrinas Essenciais).

DIP, R. Breves considerações sobre alguns temas relativos à retificação de área. In: DIP, R.; JACOMINO, S. (Org.). **Direito registral.** 2. ed. São Paulo: Revista dos Tribunais, 2013a. p. 987-999. v. 6. (Coleção Doutrinas Essenciais).

DIP, R. Dúvidas sobre o futuro da dúvida no registro de imóveis. In: DIP, R.; JACOMINO, S. (Org.). **Direito registral.** 2. ed. São Paulo: Revista dos Tribunais, 2013b. p. 1021-1036. v. 6. (Coleção Doutrinas Essenciais).

DIP, R. O estatuto profissional do notário e do registrador. In: DIP, R.; JACOMINO, S. (Org.). **Direito registral.** 2. ed. São Paulo: Revista dos Tribunais, 2013c. p. 1299-1310. v. 1. (Coleção Doutrinas Essenciais).

DIP, R. Sobre a qualificação no registro de imóveis. In: DIP, R.; JACOMINO, S. (Org.). **Direito registral.** 2. ed. São Paulo: Revista dos Tribunais, 2013d. p. 933-985. v. 6. (Coleção Doutrinas Essenciais).

DIDIER JÚNIOR, F. **Curso de direito processual civil**: teoria geral do processo e processo de conhecimento. Salvador: Juspodivm, 2009.

ERPEN, D. A.; PAIVA, J. P. L. Panorama histórico do registro de imóveis no Brasil. In: DIP, R.; JACOMINO, S. (Org.). **Direito registral**. 2. ed. São Paulo: Revista dos Tribunais, 2013. p. 145-151. v. 2. (Coleção Doutrinas Essenciais).

FIORANELLI, A. Matrícula no registro de imóveis: questões práticas. In: YOSHIDA, C. Y. M.; SANTOS, M. de O. F. F.; AMADEI, V. de A. (Coord.). **Direito notarial e registral avançado**. São Paulo: Revista dos Tribunais, 2014. p. 291-315.

GRAEFF JÚNIOR, C. Natureza jurídica dos órgãos notarial e registrador. In: DIP, R.; JACOMINO, S. (Org.). **Direito registral**. 2. ed. São Paulo: Revista dos Tribunais, 2013. p. 939-405. v. 7. (Coleção Doutrinas Essenciais).

JACOMINO, S. O estado agônico dos antigos livros de registro. **Revista de Direito Imobiliário**, São Paulo, v. 37, n. 77. p. 107-124, jul./dez. 2014.

JARDIM, M. O sistema registral francês. In: DIP, R.; JACOMINO, S. (Org.). **Direito registral**. 2. ed. São Paulo: Revista dos Tribunais, 2013a. p. 423-452. v. 1. (Coleção Doutrinas Essenciais).

JARDIM, M. O sistema registral germânico. In: DIP, R.; JACOMINO, S. (Org.). **Direito registral**. 2. ed. São Paulo: Revista dos Tribunais, 2013b. p. 453-510. v. 1. (Coleção Doutrinas Essenciais).

KERN, M. D. A Lei 13.097/2015 adotou o princípio da fé pública registral? **Revista de Direito Imobiliário**, v. 38, n. 78, p. 15-58, jan./jun. 2015. Disponível em: <http://www.irib.org.br/app/webroot/publicacoes/rdi78/pdf.pdf>. Acesso em: 28 jul. 2020.

MAIA, P. C. Sesmarias. In: DIP, R.; JACOMINO, S. (Org.). **Direito registral**. 2. ed. São Paulo: Revista dos Tribunais, 2013. p. 457-469. v. 2. (Coleção Doutrinas Essenciais).

MARQUES, J. F. **Ensaio sobre a jurisdição voluntária**. São Paulo: Saraiva, 1959.

MARQUES, J. F. Retificação de transcrição no registro de imóveis. In: DIP, R.; JACOMINO, S. (Org.). **Direito registral**. 2. ed. São Paulo:

Revista dos Tribunais, 2013. p. 617-623. v. 6. (Coleção Doutrinas Essenciais).

MATO GROSSO DO SUL. Tribunal de Justiça do Estado do Mato Grosso do Sul. Corregedoria-Geral de Justiça. **Código de Normas da Corregedoria-Geral de Justiça**. Campo Grande: TJMS, 2016. Disponível em: <https://www.tjms.jus.br/webfiles/producao/SPGE/revista/20161208154826.pdf>. Acesso em: 28 jul. 2020.

MELO, M. A. S. de. A qualificação registral como tutela preventiva de conflitos. In: DIP, R.; JACOMINO, S. (Org.). **Direito registral**. 2. ed. São Paulo: Revista dos Tribunais, 2013. p. 731-754. v. 6. (Coleção Doutrinas Essenciais).

MELO, M. A. S. de. **O procedimento do art. 216-A da Lei 6.015/73 não configura uma usucapião**. Colégio Notarial do Brasil, 2016. Disponível em: <http://www.notariado.org.br/index.php?pG=X19leGliZV9ub3RpY2lhcw==&in=NzYxNw==>. Acesso em: 28 jul. 2020.

MELO FILHO, Á. Princípios do direito imobiliário. In: DIP, R.; JACOMINO, S. (Org.). **Direito registral**. 2. ed. São Paulo: Revista dos Tribunais, 2013. p. 65-100. v. 2. (Coleção Doutrinas Essenciais).

MINAS GERAIS. Tribunal de Justiça do Estado de Minas Gerais. Corregedoria-Geral de Justiça. Provimento n. 260, de 18 de outubro de 2013. **Diário de Justiça do Estado de Minas Gerais**, Belo Horizonte, 29 out. 2013. Disponível em: <http://www8.tjmg.jus.br/institucional/at/pdf/cpr02602013.pdf>. Acesso em: 28 jul. 2020.

MINAS GERAIS. Tribunal de Justiça do Estado de Minas Gerais. Provimento n. 325, de 20 de maio de 2016. **Diário de Justiça do Estado de Minas Gerais**, Belo Horizonte, 23 maio 2016. Disponível em: <http://www8.tjmg.jus.br/institucional/at/pdf/cpr03252016.pdf>. Acesso em: 28 jul. 2020.

MIRANDA, F. C. P. de. **Tratado de direito privado**. 4. ed. São Paulo: Revista dos Tribunais, 1983. Parte especial. Tomo XI.

NALINI, J. R. A nova Lei de Serviços Notariais e Registro. In: DIP, R.; JACOMINO, S. (Org.). **Direito registral**. 2. ed. São Paulo: Revista dos Tribunais, 2013. p. 255-262. v. 1. (Coleção Doutrinas Essenciais).

PARANÁ. Tribunal de Justiça do Estado do Paraná. Corregedoria-Geral da Justiça. Código de Normas: Provimento n. 249/2013. **Diário de Justiça do Estado do Paraná**, Curitiba, 2013. Disponível em: <https://www.tjpr.jus.br/documents/11900/499063/C%C3% 93DIGO+DE+NORMAS+DA+CORREGEDORIA+EXTRAJUDI CIAL+-+14-10-14.pdf/e4bad890-cfad-4748-a5a9-11e14edc913f>. Acesso em: 28 jul. 2020.

PARANÁ. Tribunal de Justiça do Estado do Paraná. Provimento n. 262, de 24 de junho de 2016. **Diário de Justiça do Estado do Paraná**, Curitiba, 6 jul. 2016. Disponível em: <https://portal.tjpr.jus.br/pesquisa_athos/publico/ajax_concursos.do?tjpr.url.crypto=8a6c5 3f8698c7ff7801c49a82351569545dd27fb68d84af89c7272766cd6fc 9f3f4c2fa0c62c725d755d3ccf5026d3c48bf440087b6b30641a2fb19 108057b53eef286ec70184c6e>. Acesso em: 28 jul. 2020.

PERNAMBUCO. Corregedoria-Geral da Justiça do Estado de Pernambuco. **Código de Normas dos Serviços Notariais e de Registros do Estado de Pernambuco**. Recife: Aripe, 2014. Disponível em: <http://www.irib.org.br/files/obra/Cdigo_de_Normas_TJ_PE.pdf>. Acesso em: 22 dez. 2016>. Acesso em: 28 jul. 2020.

PERNAMBUCO. Corregedoria-Geral da Justiça do Estado de Pernambuco. **Código de Normas dos Serviços Notariais e de Registros do Estado de Pernambuco**. Recife: Aripe, 2016. Disponível em: <http://www.tjpe.jus.br/documents/29010/948051/ C%C3%B3digo+de+Normas+2016/823906ad-3271-4f75-be55-e6e 5e556d9c9?version=1.0>. Acesso em: 28 jul. 2020.

PIRES, L. M. F. Responsabilidade civil e funcional dos notários e registradores. In: YOSHIDA, C. Y. M.; SANTOS, M. de O. F. F.; AMADEI, V. de A. (Coord.). **Direito notarial e registral avançado**. São Paulo: Revista dos Tribunais, 2014. p. 63-74.

RACY, W. A dúvida, no registro imobiliário. In: DIP, R.; JACOMINO, S. (Org.). **Direito registral**. 2. ed. São Paulo: Revista dos Tribunais, 2013. p. 1231-1237. v. 6. (Coleção Doutrinas Essenciais).

RIO DE JANEIRO. Corregedoria-Geral da Justiça do Estado do Rio de Janeiro. Consolidação Normativa. **Diário de Justiça do Estado** do **Rio de Janeiro**, 1º fev. 2017. Disponível em: <http://cgj.tjrj.jus.br/documents/1017893/1038412/cncgj-extrajudicial.pdf>. Acesso em: 28 jul. 2020.

RIO DE JANEIRO. Poder Judiciário do Estado do Rio de Janeiro. Conselho da Magistratura. Apelação n. 0005534-63.2013.8.19.0001. Relator: Des. Claudio Dell'Orto. Data de Julgamento: 18 fev. 2016. Rio de Janeiro, 18 fevereiro 2016a. Disponível em: <http://wwwl.tjrj.jus.br/gedcacheweb/default.aspx?UZIP=1&GEDID=00041FE0EF29DEB625AE10555F10E44893DDC504500E2630&USER=>. Acesso em: 28 jul. 2020.

RIO DE JANEIRO. Poder Judiciário do Estado do Rio de Janeiro. Conselho da Magistratura. Apelação n. 0001543-71.2014.8.19.0057. Relator: Desembargador Cláudio Dell'Orto. Rio de Janeiro, 9 jun. 2016b. Disponível em: <https://tj-rj.jusbrasil.com.br/jurisprudencia/348526091/processos-relativos-a-decisoes-proferidas-pelos-juizes-de-registro-publico-15437120148190057/inteiro-teor-348526100>. Acesso em: 28 jul. 2020.

RIO DE JANEIRO. Tribunal de Justiça do Rio de Janeiro. Apelação n. 0059674-13.2014.8.19.0001. Relatora: Maria Inês da Penha Gaspar, Conselho da Magistratura, julgado em 28/07/2016. Rio de Janeiro, 29 jul. 2016c. Disponível em: <http://tj-rj.jusbrasil.com.br/jurisprudencia/367495511/processos-relativos-a-decisoes-proferidas-pelos-juizes-de-registro-publico-596741320148190001-rio-de-janeiro-central-de-assessoramento-fazendario/inteiro-teor-367495541?ref=juris-tabs>. Acesso em: 28 jul. 2020.

RIO DE JANEIRO. Tribunal de Justiça do Rio de Janeiro. Processo n. 00079033720148190052. Relator: Des. Marcelo Castro Anátocles da Silva Ferreira, julgado em 18/02/2016. Rio de Janeiro, 24 fev. 2016d. Disponível em: <http://tj-rj.jusbrasil.com.br/jurisprudencia/342669459/processos-relativos-a-decisoes-proferidas-pelos-juizes-de-registro-publico-79033720148190052>. Acesso em: 28 jul. 2020.

RIO DE JANEIRO. Tribunal de Justiça do Rio de Janeiro. Processo n. 0250743-37.2014.8.19.0001. Interessado: Henrique Rotstein. Suscitante: Cartório do 9º Ofício de Registro de Imóveis da Comarca da Capital. Relatora: Desembargadora Suely Lopes Magalhães, julgado em 28/07/2016. Rio de Janeiro, 2 ago. 2016e. Disponível em: <https://www.jusbrasil.com.br/topicos/70861862/processo-n-0250743-3720148190001-do-tjrj>. Acesso em: 28 jul. 2020.

RIO DE JANEIRO. Tribunal de Justiça do Rio de Janeiro. Provimento n. 23, 11 maio de 2016. **Diário Oficial do Estado do Rio de Janeiro**, Rio de Janeiro, 12 maio 2016f. Disponível em: <http://www.cabofrioloficio.com.br/artigos/Usucapiao_Administrativa-Provimento_CGJ_23-2016.pdf>. Acesso em: 28 jul. 2020.

RIO GRANDE DO NORTE. Tribunal de Justiça do Estado do Rio Grande do Norte. Corregedoria-Geral de Justiça. Provimento n. 145, de 11 de março de 2016. **Diário de do Estado do Rio Grande do Norte**, Natal, 11 mar. 2016. Disponível em: <http://corregedoria.tjrn.jus.br/index.php/normas/atos-normativos/provimento/provimentos-2016/9298-provimento-1452016-cgjrn/file>. Acesso em: 28 jul. 2020.

RORAIMA. Tribunal de Justiça do Estado de Roraima. Corregedoria-Geral de Justiça. Provimento CGJ n. 2, de 6 de junho de 2014. **Diário de Justiça do Estado de Roraima**, Boa Vista, 6 jun. 2014. Disponível em: <http://www.tjrr.jus.br/legislacao/phocadownload/Provimentos/Corregedoria/2014/provimento%2002-2014%20-%20atualizado.pdf>. Acesso em: 28 jul. 2020.

SANT'ANNA, G. C. S. Fatos históricos e jurídicos determinantes da configuração contemporânea dos serviços notariais. In: DIP, R.; JACOMINO, S. (Org.). **Direito registral**. 2. ed. São Paulo: Revista dos Tribunais, 2013a. p. 1079-1105. v. 7. (Coleção Doutrinas Essenciais).

SANT'ANNA, G. C. S. Os serviços notariais e registrais e a reforma do Estado brasileiro. In: DIP, R.; JACOMINO, S. (Org.). **Direito registral**. 2. ed. São Paulo: Revista dos Tribunais, 2013b. p. 797-815. v. 7. (Coleção Doutrinas Essenciais).

SANTA CATARINA. Tribunal de Justiça do Estado de Santa Catarina. Corregedoria-Geral de Justiça. Circular n. 26, de 15 de março de 2016. **Diário de Justiça Eletrônico do Estado de Santa**

Catarina, Florianópolis, 15 mar. 2016. Disponível em: <http://cgjweb.tjsc.jus.br/bdo/Download?acao=PDF&cddocumento=9530>. Acesso em: 28 jul. 2020.

SANTOS, F. J. R. dos. Princípio da prioridade. In: DIP, R.; JACOMINO, S. (Org.). **Direito registral**. 2. ed. São Paulo: Revista dos Tribunais, 2013. p. 769-796. v. 7. (Coleção Doutrinas Essenciais).

SÃO PAULO. Ministério Público do Estado de São Paulo. Processo n. 2010/128625. **Diário de Justiça do Estado de São Paulo**, São Paulo, 28 fev. 2011. Disponível em: <http://www.jusbrasil.com.br/diarios/25067021/pg-12-administrativo-diario-de-justica-do-estado-de-sao-paulo-djsp-de-28-02-2011>. Acesso em: 28 jul. 2020.

SÃO PAULO. Tribunal de Justiça de Estado de São Paulo. Arguição de Inconstitucionalidade n. 00178424220138260000, SP 0017842-42.2013.8.26.0000. Relator: Milton Carvalho. São Paulo, 25 abr. 2013a. Disponível em: <http://tj-sp.jusbrasil.com.br/jurisprudencia/114254063/agravo-de-instrumento-ai-178424220138260000-sp-0017842-4220138260000>. Acesso em: 28 jul. 2020.

SÃO PAULO. Tribunal de Justiça de Estado de São Paulo. Arguição de Inconstitucionalidade n. 22250701620148260000, SP 2225070-16.2014.8.26.0000. Relator: Grava Brazil. São Paulo, 6 abr. 2015a. Disponível em: <http://tj-sp.jusbrasil.com.br/jurisprudencia/180656087/agravo-de-instrumento-ai-22250701620148260000-sp-2225070-1620148260000>. Acesso em: 28 jul. 2020.

SÃO PAULO. Tribunal de Justiça de Estado de São Paulo. Processo n. 1113669-83.2015.8.26.0100. Relator: Manoel de Queiroz Pereira Calças. **Diário de Justiça do Estado de São Paulo**, 12 ago. 2016. Disponível em: <https://circuloregistral.com.br/tag/formal-de-partilha-judicial/>. Acesso em: 28 jul. 2020.

SÃO PAULO. Tribunal de Justiça de Estado de São Paulo. Processo n. CG 2012/00061322, Conselho da Magistratura. **Diário de Justiça do Estado de São Paulo**, 18 jan. 2013b. Disponível em: <https://www.jusbrasil.com.br/diarios/49955404/djsp-administrativo-18-01-2013-pg-12>. Acesso em: 28 jul. 2020.

SÃO PAULO. Tribunal de Justiça do Estado de São Paulo. Corregedoria-Geral de Justiça. **Normas de serviço cartórios extrajudiciais**: tomo II – Provimento n. 58, de 28 de novembro de 1989. São Paulo, 1989. Disponível em: <http://www.tjsp.jus.br/Download/ConhecaTJSP/NormasExtrajudiciais/NSCGJTomoIITachado.pdf>. Acesso em: 28 jul. 2020.

SÃO PAULO. Tribunal de Justiça do Estado de São Paulo. Provimento n. 58, de 15 de janeiro de 2015. **Diário de Justiça do Estado de São Paulo**, São Paulo, 15 jan. 2015b. Disponível em: <http://www.cnbsp.org.br/__Documentos/Uploads/Provimento%20CG%20N%20582015.pdf>. Acesso em: 28 jul. 2020.

SARMENTO FILHO, E. S. C. **A dúvida registrária**. São Paulo: Irib, 2012.

SARMENTO FILHO, E. S. C. As cláusulas abusivas e os limites da qualificação registral. **Revista de Direito Imobiliário**, São Paulo, v. 39, n. 80, p. 35-54, jan./jun. 2016.

SARMENTO FILHO, E. S. C. A dúvida no registro de imóveis. In: DIP, R.; JACOMINO, S. (Org.). **Direito registral**. 2. ed. São Paulo: Revista dos Tribunais, 2013. p. 373-384. v. 6. (Coleção Doutrinas Essenciais).

SARTORI, I. R. G. Responsabilidade civil e penal dos notários e registradores. **Revista de Direito Imobiliário**, v. 25, n. 53, p. 102-114, jul./dez. 2002.

SERRA, M. G.; SERRA, M. H. **Registro de imóveis I**: parte geral. 2. ed. São Paulo: Saraiva, 2016. (Coleção Cartórios).

SILVA FILHO, E. A competência do oficial de registro de imóveis no exame dos títulos judiciais. In: DIP, R.; JACOMINO, S. (Org.). **Direito registral**. 2. ed. São Paulo: Revista dos Tribunais, 2013. p. 405-458. v. 6. (Coleção Doutrinas Essenciais).

SOUZA, C. K. de. As modificações introduzidas pela Lei nº 13.097/2015 e a criação da Letra Imobiliária Garantida (LIG): segurança jurídica para fomentar o investimento com lastro imobiliário. In: CONFERÊNCIA DA LATIN AMERICAN REAL ESTATE SOCIETY, 15., São Paulo, **Anais**... São Paulo: USP, 2015.

Disponível em: <http://lares.org.br/Anais2015/artigos/1145-1337-1-RV.docx>. Acesso em: 28 jul. 2020.

STOCO, R. **Responsabilidade civil e sua interpretação jurisprudencial**: doutrina e jurisprudência. São Paulo: Revista dos Tribunais, 1999.

TERRA. M. A fé pública registral. In: DIP, R; JACOMINO, S. (Org.). **Direito registral**. 2. ed. São Paulo: Revista dos Tribunais, 2013. p. 301-332. v. 1. (Coleção Doutrinas Essenciais).

VALLIM, J. R. de A. Sistemas de registro imobiliário e o valor probante do registro. In: DIP, R; JACOMINO, S. (Org.). **Direito registral**. 2. ed. São Paulo: Revista dos Tribunais, 2013. p. 607-610. v. 6. (Coleção Doutrinas Essenciais).

VEDOVATO, M.; PINTO, T. D. H.; GUAZZELLI, A. S. Registro eletrônico de imóveis: um avanço necessário. **Migalhas**, 23 jun. 2016. Disponível em: <http://www.migalhas.com.br/arquivos/2016/6/art20160623-06.pdf>. Acesso em: 28 jul. 2020.

Capítulo 1

Questões para revisão
1. d
2. c
3. b
4. Foi o primeiro cadastro de posse. A lei tornou obrigatório o registro de terras por qualquer indivíduo que as possuísse, independentemente da natureza do título da propriedade, mas esse registro não gerava qualquer efeito com relação à propriedade.
5. O principal efeito da inscrição foi o da presunção relativa de veracidade dos cadastros do registro de imóveis.

Questões para reflexão
1. Orientação: A função primordial de um sistema de registro de imóveis é dar segurança ao trânsito dos direitos reais – seja com relação à propriedade, seja com relação à concessão de crédito com base em tais bens. Assim, é preciso analisar a importância que o florescimento comercial e a atividade bancária tiveram para o amadurecimento do sistema imobiliário.
2. Orientação: Você deve apontar, em sua reflexão, que a duplicidade é interpartes e em face de terceiros, analisando como tal aspecto possibilita a presunção de titularidade do imóvel.

Capítulo 2

Questões para revisão
1. b
2. a
3. c
4. As principais características do sistema alemão são: a territorialidade, o sistema de fólio real e o efeito constitutivo da inscrição em relação ao direito real contido no pacto negocial.
5. O sistema brasileiro é misto, pois admite o título causal e o registro como criador do direito real, bem como apresenta a relação obrigacional (escritura pública ou particular) como geradora de obrigações e o registro como ato gerador dos direitos reais.

Questões para reflexão
1. Orientação: Para analisar essa situação, deve-se entender como funciona o princípio da presunção e por qual motivo, na época em que se iniciou a adoção do sistema alemão, não seria possível a implantação integral desse princípio no país.
2. No sistema alemão, a adoção é considerada válida no caso da aparência no terceiro de boa-fé, pois o sistema tem como premissa a presunção absoluta de validade. No caso brasileiro, contudo, tal presunção é relativa, sendo possível a retificação de qualquer inconformidade do registro com a realidade. Para responder a questão de forma adequada, é necessário analisar a incidência da Lei n. 13.097/2015 na situação brasileira e seus efeitos para o sistema registral brasileiro.

Capítulo 3

Questões para revisão
1. d
2. b
3. d
4. Orientação: Para responder a essa pergunta, é necessário fazer uma análise dos princípios da presunção e da boa-fé e de seu funcionamento no sistema de registro brasileiro.
5. Orientação: Para responder a essa pergunta, é necessário fazer uma breve análise do princípio da prioridade e explicar, com base nele, como é solucionado pela lei o aparente confronto entre títulos.

Questões para reflexão
1. Orientação: É necessário analisar os princípios da presunção, da fé pública, da determinação da concentração dos atos na matrícula e da fraude à execução, para afastar a aparente contradição existente entre a aquisição do terceiro de boa-fé, a desnecessidade de retirar certidões de feitos ajuizados e a fraude à execução.
2. Orientação: Nos títulos judiciais, há necessidade de observância dos princípios registrais sem que o registrador entre no mérito ou não da decisão tomada pelo Poder Judiciário. É relevante apontar casos práticos em que a qualificação registral negue acesso a títulos judiciais.

Capítulo 4
Questões para revisão
1. c
2. d
3. a
4. Registro é o ato praticado pelo registrador, que tem por finalidade inscrever atos alterados ou declaratórios da propriedade imóvel e outro direitos reais. Já a averbação é o lançamento de alterações e extinções de situações jurídicas.
5. A Constituição Federal de 1988 manteve a estatização das serventias judiciais e criou, para os serviços notariais e registrais, uma nova disciplina: o exercício de função de forma privada, por delegação do Poder Público. É necessária a aprovação em concurso público de provas e títulos e, além disso, passou-se a remunerar a atividade por meio de emolumentos. Trata-se de função pública exercida em caráter privado.

Questões para reflexão
1. A legislação federal atribuiu aos tribunais estaduais a fiscalização da atividade notarial e registral. Assim, os tribunais criaram diversas regras que, na maioria das vezes, vão além da simples reprodução ou especificação das determinações da lei federal, incluindo a criação de livros, por intermédio de ato administrativo, como os Códigos de Normas. Para responder a questão, é necessário tecer considerações sobre o princípio da legalidade previsto na

Constituição da República e a autonomia dos estados-membros para regulamentar e fiscalizar o exercício da profissão.

2. Para analisar adequadamente o tema, é necessário observar, de forma pormenorizada, a sistemática da Lei dos Notários e Registradores, inclusive os direitos e deveres dos oficiais imobiliários.

Capítulo 5

Questões para revisão
1. b
2. b; c
3. d
4. Livro 1 – Protocolo, Livro 2 – Registro Geral, Livro 3 – Auxiliar, Livro 4 – Indicador Real e Livro 5 – Indicador Pessoal.
5. O Livro Protocolo é a porta de entrada no registro de imóveis, e nele são anotados os seguintes dados: o número de ordem, que seguirá indefinidamente; a data de apresentação do título; o nome do apresentante; a natureza do título; e os atos que forem realizados pelo registrador.

Questões para reflexão
1. Orientação: É importante aprofundar-se em cada processo, narrando o passo a passo dos procedimentos necessários à qualificação positiva ou negativa do título.
2. Orientação: É importante analisar a incidência do princípio da prioridade e as regras práticas previstas no Código Civil e na Lei de Registros Públicos para apontar qual escritura terá acesso ao registro imobiliário.

Capítulo 6

Questões para revisão
1. a
2. d
3. d
4. A natureza jurídica da qualificação registral é controversa, existindo quatro correntes: atividade jurisdicional; atividade administrativa; jurisdição voluntária; e singular ou especial. Por apresentar caracteres de jurisdição, de direito administrativo e de jurisdição voluntária, não se confunde com nenhuma delas, tendo natureza jurídica especial.

5. Inicialmente, deve-se fazer uma competência territorial para verificar se o imóvel, objeto do título, encontra-se sob sua circunscrição. Após isso, é necessário averiguar se foi cumprido o princípio da rogação, ou seja, a existência de prévio requerimento do interessado. Posteriormente, é feita a análise do título, quando se verifica se a lei faculta a inscrição do negócio jurídico. Considerado o título de forma isolada e concluindo-se pela sua registrabilidade, passa-se à avaliação de seus requisitos: forma, determinação e especialidade subjetiva das partes, intervenção/outorga das partes, reconhecimento das assinaturas e eventual necessidade de testemunhas instrumentais, bem como necessidade de apresentação de documentos acessórios.

Questões para reflexão

1. Orientação: Existem algumas correntes doutrinárias que apontam diferentes aspectos da qualificação registral. Portanto, com base em exemplos, o importante é defender uma das correntes e desenvolver o raciocínio, fundamentando o posicionamento assumido.

2. Orientação: A qualificação de títulos judiciais requer ainda mais prudência por parte do registrador, devendo-se analisar somente a regularidade formal do título. Entretanto, caso haja incidência de regra cogente ou ofensa aos princípios registrais, é possível qualificar de forma negativa o formal que viola as regras do Código Civil quanto à divisão dos quinhões hereditários, esclarecendo o juiz emissor do título as eventuais irregularidades. Contudo, na resposta, é necessário deixar claro que não se trata de descumprimento da ordem do Poder Judiciário, pois não se extrapolam os limites de sua atribuição.

Capítulo 7

Questões para revisão

1. c
2. c
3. c
4. Após o ingresso do título no Livro Protocolo e realizada a qualificação registral, o oficial emite a nota de devolução e

exigências. Se o interessado não concordar com as exigências realizadas, fará requerimento ao registrador imobiliário, que não poderá negar-se a recebê-lo (Lei dos Notários e Registradores, art. 30, XIII) e deverá dar início ao procedimento de dúvida. Recebido o requerimento, o registrador deverá anotar à margem do Livro Protocolo a ocorrência da dúvida e certificar no título a prenotação e a suscitação da dúvida, rubricando todas as folhas. Depois, será dada ciência das razões do indeferimento do registro do título ao apresentante, devendo-se fornecer-lhe cópia da suscitação e notificá-lo para impugná-la, no prazo de 15 (quinze) dias. Apresentada a impugnação ou não, todos os documentos serão remetidos ao juízo para julgamento.

5. Trata-se de procedimento de jurisdição voluntária. Apresenta as seguintes modalidades: retificação de ofício; retificação por simples requerimentos; retificação pelo procedimento sumário; e retificação pelo procedimento ordinário. O mais completo é o procedimento ordinário, que se processa mediante requerimento juntamente com a documentação necessária e a intervenção de interessados.

Questões para reflexão

1. Orientação: Como existem diferentes correntes relativas ao entendimento da natureza do procedimento de dúvida, é importante abordar uma delas de forma fundamentada, analisando-se quais são as características principais desse procedimento.

2. Orientação: A correlação entre a especialidade e a reticação administrativa é umbilical, pois um deriva do outro. Portanto, para responder de forma adequada a essa questão, é necessário conceituar o princípio e descrever o processo, inclusive citando exemplos.

Lucas Fernando de Castro é bacharel em Direito pela Faculdade de Direito de Curitiba (2007) e especialista em Direito Público pela Fundação Escola do Ministério Público do Paraná – Fempar (2009). É advogado militante, especializado nas áreas de direito registral e direito notarial, nas quais atua desde 2007.

sobre o autor

Os papéis utilizados neste livro, certificados por
instituições ambientais competentes, são recicláveis,
provenientes de fontes renováveis e, portanto, um meio
responsável e natural de informação e conhecimento.

Impressão: Reproset
Fevereiro/2023